黑龙江省农村社会
养老服务支付能力影响因素研究

刘秋艳 著

中国水利水电出版社
www.waterpub.com.cn
·北京·

内 容 提 要

我国人口老龄化问题日趋严重，养老问题成为对经济社会有关键性影响的因素。农村地区的人口老龄化问题十分严峻。本书研究黑龙江省农村社会养老服务支付能力影响因素。通过提取影响黑龙江省农村社会养老服务支付能力的重要因素，分析不同因子对黑龙江省农村社会养老服务支付能力的影响性质及影响程度。将宏观内容与微观内容相结合，提高对黑龙江省农村社会养老服务支付能力的量化分析水平，并将此作为提高黑龙江省农村社会养老服务支付能力路径选择的依据。

本书适合从事农业经济理论与政策的科研工作者、相关职能部门管理人员以及在校研究生阅读。

图书在版编目（CIP）数据

黑龙江省农村社会养老服务支付能力影响因素研究 / 刘秋艳著. -- 北京 : 中国水利水电出版社, 2023.12
ISBN 978-7-5226-2402-0

Ⅰ. ①黑… Ⅱ. ①刘… Ⅲ. ①农村－养老－社会服务－支付能力－影响因素－研究－黑龙江省 Ⅳ. ①D669.6

中国国家版本馆CIP数据核字(2024)第066478号

书　　名	**黑龙江省农村社会养老服务支付能力影响因素研究** HEILONGJIANG SHENG NONGCUN SHEHUI YANGLAO FUWU ZHIFU NENGLI YINGXIANG YINSU YANJIU
作　　者	刘秋艳　著
出版发行	中国水利水电出版社 （北京市海淀区玉渊潭南路 1 号 D 座　100038） 网址：www. waterpub. com. cn E-mail：sales@mwr. gov. cn 电话：（010）68545888（营销中心）
经　　售	北京科水图书销售有限公司 电话：（010）68545874、63202643 全国各地新华书店和相关出版物销售网点
排　　版	中国水利水电出版社微机排版中心
印　　刷	北京中献拓方科技发展有限公司
规　　格	184mm×260mm　16 开本　8 印张　195 千字
版　　次	2023 年 12 月第 1 版　2023 年 12 月第 1 次印刷
定　　价	**48.00** 元

前言

我国人口老龄化问题日趋严重，养老问题成为对经济社会有关键性影响的因素。老年人口作为我国具有特殊性的人口构成类型，基于其各项生理机能的退化和社会能力的衰减，患病率、死亡率、贫困率均高于其他年龄段人群。养老问题不但涉及社会保障领域，更涉及医疗卫生领域和公共服务领域。而且我国社会养老保险制度尚在完善中，养老保险的替代率还有待提升，各项养老支付中主体的定位依旧模糊。我国作为农业大国，庞大的农村人口规模和与之相对应的老年人口基数，使得农村养老呈现出多项缺口，在社会养老服务的供给与支付上更是凸显了问题的集中性。当前，城乡一体化养老保险制度尚未实现，在城乡二元化格局尚未完全破除、二者差异依旧显著的环境下，农村地区的人口老龄化问题和与之相伴随的养老产业发展问题十分严峻。支付机制作为各项服务供给的基础保障机制，成为农村建构良性社会养老服务制度的博弈点，也是养老服务下沉，扩大受惠人群过程中应当面对与解决的首要问题。

基于以上内容，本书运用文献分析法、定性与定量相结合、数据分析法以及归纳法与演绎法等多种研究方法，结合福利经济学理论、收入分配理论、制度变迁理论以及公共物品理论等理论范畴，运用经济学、社会保障学等多学科交互的研究范式和方法，研究黑龙江省农村社会养老服务支付问题。以定性方式探究黑龙江省农村地区的总体社会养老服务覆盖状况，以量化研究方式评价黑龙江省农村社会养老服务支付中生活照料、康复理疗、家政服务、医疗保健以及紧急救援等各方面的支付水平，结合黑龙江省农村社会养老服务支付能力的发展现状，全方位衡量省内社会养老服务总体概况。总结农村社会养老服务政策体系，归纳农村社会养老服务途径，诠释农村社会养老服务运作机制。在细化方面，本书介绍了黑龙江省内社会养老服务总体概况，概括了农村社会养老服务政策体系、服务途径，并归纳了该产业的运作机制；阐释了黑龙江省农村社会养老服务支付主体、支付方式并衡量了其支付水平。此后，对于政府及政策因素、非营利机构因素、市场化企业因素、农村村集体因素以及农村老人及家庭因素等五大类因素进行了细致研究并依据主体层次划分了影响因子，运用主成分分析法提取影响黑龙江省农村社会养老服务支付能力的重要因素，运用多元回归分析法分析不同因子对于黑龙江省农村社会养老服务支付能力的影响性质及影响程度。将宏观内容与微观内容相结合，提高对黑龙江省农村社会养老服务支付能力的量化分析水平，将此作为探究提高黑龙江省农村社会养老服务支付能力路径选择的依据，从央地财政、个人及群体、企业和非营利组织等不同方面入手，探究涉及多个主体、具有横向和纵向覆盖性的黑龙江省农村社会养老服务支付能力提升机制。

通过研究可知，家庭支付能力、社会养老产业发展水平、公有制企业投入社会养老服务业的程度、央地财政投入、新农保支付水平等因素对于黑龙江省农村社会养老服务的支付能力有显著影响。黑龙江省应当建立多主体合作、多支付机制协同、多途径补充的新型农村社会养老服务支付机制。提高央地财政扶持力度，提高社会组织的介入性，提高农村村集体投入水平，激活村民筹资养老意愿，提高企业农村养老投入，建设农村集体养老设施，提高资本支付辅助水平并提升农民自主支付水平，以多方联动途径建立良性的支付策略体系。同时，应确保政策制定的合理性，确保群体间政策针对性并确保政策及时变化调整以建构政策保障；通过设定专门管理组织，引导社会组织参与并选择适当监督机构以建构组织保障；通过提高管理人员素质，提高人员组织水平以建构人员保障；通过提高央地财政扶持水平并提高非营利组织参与性以建构资金保障，为黑龙江省建立健全农村社会养老服务支付体系提供基础性保障，加快省内社会养老服务惠及农村地区的水平，完善城乡共享的社会养老服务支付制度。

作者

2023 年 11 月

目 录

1 绪　论

1.1 选 题 背 景

我国老年人口数量持续上涨以及人口老龄化压力的上升使得经济社会面临沉重负担。依据国家统计局以及相关调研机构对我国人口老龄化情况所进行的调研统计可知，截至2018年年底，我国60周岁以上老年人口数量超过24948万人，在总人口中占比高达17.9%；65周岁以上老年人口更是突破16658万人，在总体人口中占比约为11.9%。这说明从相对数量上来看，我国老年人口总体规模偏大；从相对数量上看，65周岁以上老年人在整体老年人口中占比高达66.77%，即老年人口的年龄均值偏大，老年人口比例超标严重，这加剧了我国全社会的养老负担。我国在2000年全国人口普查中，核算的65周岁以上老年人口占比为7%。此后老年人口数量逐年提升，截至2005年，65周岁以上老年人口的数量已经多达10055万人。结合2010年第六次全国人口普查数据，我国60周岁以上的老年人口数量占比与2000年同期比较上升了2.93%，比例高达13.26%；而65周岁以上老年人口的比例超过8.87%，较2000年同期数据上升1.87%。以上趋势说明我国人口老龄化问题日趋严重，养老问题正成为对经济社会发展有关键性影响的因素。老年人口作为具有特殊性的人口构成类型，基于其各项生理机能的退化和社会能力的衰减，患病率、死亡率、贫困率均高于其他年龄段人群。老年人养老问题与多项社会发展因素具有内在关联性。养老问题不但涉及社会保障领域，更涉及医疗卫生领域和公共服务领域。经济社会的发展夯实了我国社会各个产业的发展基础，我国近年来GDP增长迅速使得社会各产业得到发展契机，社会财富的增长为养老产业、医疗产业等提供了大量资源，在绝对意义上丰富了养老产业发展的物质基础。但是，目前我国老年人口各项发展状况不乐观，无论是寿命状况，还是身体健康状况，均有较大提升空间。依据2018年5月15日由中国老龄科学研究中心与社会科学文献出版社共同发布的《老龄蓝皮书：中国城乡老年人生活状况调查报告（2018）》显示，我国目前仅有30%左右的老年人口健康状况较好。针对该类人群的特征进行分析，可知城镇有配偶、文化程度较高且非独居的老年人口各项身体健康状况良好；在老年人患病方面，可知我国老年人慢性病患者较多，这是其在医疗方面具有刚性需求的直接体现；在生活习惯方面，我国老年人呈现出两极分化的特征，过半老年人口生活习惯良好，但近半老年人生活习惯不健康[1]。上述调查中针对我国老年人的医疗保障状况进行了研究，通过研究可知我国老年人社会医疗保险的覆盖面较高，但老年人商业保险购买率十分低，老年人在医疗款项的自我支付方面压力较大。这是本书针对养老支付问题展开研究的缘起和诱因。

在城乡二元化格局尚未完全破除、二者差异依旧显著的环境下，农村地区的人口老龄化问题和与之相伴随的养老产业发展问题更为严峻。我国农村地区的人口老龄化问题是影响整体社会养老水平的掣肘因素。我国第六次人口普查数据已经显示出了农村人口老龄化问题远超城镇的严重性。与城镇相比较，农村地区60周岁以上老年人在总体人口中占比高达14.98%，较城市高3.3%；在2000—2010年的时间节点间，农村地区人口老龄化水平提升了4%，而城镇人口老龄化水平仅提升2%。从原因上进行分析，城市化水平的大幅度提升加剧了农村地区的人口外流，且农村兼业经营人数的提升、土地流转的加剧、城乡基础设施供给水平的差距等，使得农村地区的整体人口规模呈现下降趋势，更加剧了人口老龄化问题。

黑龙江省作为我国东北地区的重要省份，近年来传统工业发展式微、高新技术产业缺位、人口外流持续加剧，在此趋势作用下，人口老龄化趋势不可逆转。同时，黑龙江省作为我国最大的商品粮基地，其传统依托工农业的发展格局在当前产业转型的趋势下遭遇了严峻考验。规模化农业发展、规模种植户数量提升、大幅度的土地流转和土地兼并使其所需要的绝对农业劳动力数量缩减。城市化进程的推进，更使得黑龙江省在2017年的整体人口规模缩小了12.18万人。该问题引发一系列衍生问题，包括但不限于社保结余亏空，养老基金运行压力大，更对黑龙江省目前较为迫切的农村养老问题造成压力。与经济社会发展动能不足相伴随的，则是社会养老需求的提升和养老支付压力的持续增大。农村青壮年人口的流失使得黑龙江省传统农村养老方式遭遇严峻挑战，社会养老成为弥补家庭养老不足的刚性需求，这也是我国在养老产业转型方面的共性特征和整体趋势。从老年人养老产业的整体需求和具体需求特征上看，老年人对于社会养老服务的需求规模持续增大，空巢老人和失能老人数量的增加使得其对于日常照护的需求呈现刚性上升的态势。依据中国老龄科学研究中心披露的数据显示，我国2015年城乡老年人口对于日常照护具有需求的群体比例约为15.3%，群体规模扩展速度惊人，且高龄老年人口的需求呈现急剧上涨趋势。同时，老年人医疗支出数额呈现上涨趋势。在统计时间内，我国城市老年人口的医药支出费用为人均2341元，在老年人总体消费中占比11.6%；农村老年人的平均医疗费用为1395元，在平均消费中占比15.7%。以上说明老年人对养老产业的刚性需求发展迅猛，且其需求的增长具有持续性。与此同时，网络消费在城乡老年人养老产业中发挥的作用日趋鲜明。无论是城镇还是农村老年人口，新型的养老产业发展成为必然，社会养老产业需求端持续发展，2013年颁行的《国务院关于加快发展养老服务业的若干意见》更是奠定了社会养老服务业发展的政策基础，成为在供给端强化社会养老服务供给的政策导向。

但农村社会养老问题的化解并非一蹴而就。农村社会传统老年人口供养秩序的变革、家庭养老向社会养老变迁的较长周期、农村家庭较低的支付能力和农村地区覆盖率和替代率有待提升的养老保险制度状况，均是推进社会养老服务的阻碍。从支付主体上看，农村老年人口的支付能力、家庭总体支付水平、社会性主体和企业主体补充支付机制尚未形成联动格局，农村家庭与社会性主体难以在社会养老支付中形成互补机制；从支付能力上看，长效的农村人口收入提升对策不足，东北地区面临急剧社会转型，挖掘农村家庭支付潜力的途径有限，影响整体社会养老服务支付来源；从养老服务支付机制上看，有效的央地财政支付机制、农村家庭和个人支付机制以及企业及社会群体协同支付的策略体系有待完善，持续影响东北地区农村社会养老支付水平。

综上，针对黑龙江省农村社会养老问题进行研究的缘起，在于东北地区人口老龄化以及社会结构的整体变迁；探究社会养老支付机制的变革，内在依据是家庭养老向社会养老转变阶段性的必然要求；探究支付能力问题，则是在物质基础和刚性需求方面探究保障黑龙江省社会养老服务长效供给机制，健全人口老龄化趋势和老工业基地转轨下的社会性养老补偿策略。以上是本书的研究背景和选题背景，以下将结合具体的研究内容进行详尽论述。

1.2 研究目的和意义

1.2.1 研究目的

本书研究的总体目的在于对黑龙江省农村社会养老服务支付问题进行诠释，将社会养老服务支付能力作为研究我国农村养老问题的切入点，并从社会养老服务这一视角入手，研究黑龙江省农村养老发展情况。同时，本书的整体研究目的也在于探究黑龙江省农村社会养老服务支付能力的影响因素，通过定量研究的方法明确影响黑龙江省农村社会养老服务支付的主要影响因子，将与农村社会养老服务支付相关的各个因素加以细致划分，并总结美国、英国、日本和德国等社会保障具有高替代率的先进发达国家在养老服务支付方面的模式和运作机制，依据黑龙江省农村社会养老服务支付的相关影响因素和国外先进发达国家的支付运作机制，提升对黑龙江省农村社会养老服务支付能力的理解深度，进而提出具有建设性的应对策略和保障性措施，提升农村社会养老服务的供给水平。同时，理清中央和地方财政、企业和非营利机构、农村老年人及家庭等多方面支付主体在黑龙江省农村社会养老服务支付中的作用，进而提出具有针对性的应对策略和建议，提升黑龙江省农村社会养老服务支付水平，在建设社会主义新农村、推进城乡一体化乡村振兴的整体政策背景之下，激活黑龙江省农村社会养老服务支付潜力，提高社会养老服务支付能力，建设惠及农村地区的社会养老服务支付体系，提高黑龙江省城乡一体化发展水平。

本书研究的具体目的有以下 4 点：

（1）明确农村社会养老服务的理论依据。在经济学和管理学的理论背景之下对于黑龙江省农村社会养老服务支付能力进行宏观分析，从福利经济学理论、收入再分配理论、制度变迁理论以及公共物品理论等理论基础入手，明确社会养老服务支付以及农村社会养老保险服务运转背后的理论逻辑和经济学依据，充分探究政府在黑龙江省农村社会养老服务支付中所发挥的作用，提高对于政府主体和社会主体等的不同主体在黑龙江省农村社会养老服务支付中的地位和性质的认识深度。同时，结合国内外学者针对农村社会养老问题、社会养老保险制度、养老保险的支付机制以及养老产业等问题的前沿研究成果，夯实黑龙江省农村社会养老服务支付能力研究的理论基础，为后文的定性和定量分析提供理论依据，在经典理论和国内外前沿研究成果的作用与指导之下，提升对省内农村社会养老服务支付能力的认识水平。

（2）诠释黑龙江省农村社会养老服务及支付能力现状。结合黑龙江省农村的基本发展状况，通过对我国特定地区的农村社会养老支付机制及产业发展情况形成整体认识，充分研究农村社会养老服务的支付主体、支付方式以及支付水平，并分门别类划分生活照料、康复理疗、家政服务、医疗保障以及紧急救援等各项农村社会养老服务支付能力，在对其评价的基础之上，对黑龙江省农村社会养老服务支付能力形成整体认识，具体诠释农村社会养老服务支付情况，将社会养老服务作为特定的研究领域，区分社会养老产业发展、社会养老供给、社会养老需求以及养老支付能力等不同方面的特征，对于黑龙江省农村社会养老服务支付机制形成整体性认识。

（3）针对黑龙江省农村社会养老服务支付的影响因素进行实证研究。通过对政府及政策因素、非营利机构因素、市场化企业因素、农村村集体因素以及农村老人及家庭因素五大类因素进行细致研究并划分影响因子，运用主成分分析法提取影响黑龙江省农村社会养老服务支付能力的重要因素，运用多元回归分析法分析不同因子对于黑龙江省农村社会养老服务支付能力的影响性质及影响程度。将宏观内容与微观内容相结合，提高对于黑龙江省农村社会养老服务支付能力的量化分析水平，将此作为探究提高黑龙江省农村社会养老服务支付能力路径选择的依据，从中央和地方财政、个人及群体、企业和非营利组织等不同方面入手，探究关涉多个主体、具有横向和纵向覆盖性的黑龙江省农村社会养老服务支付能力提升机制，提高黑龙江省农村老年人及家庭在社会养老服务中的支付水平。将养老需求和养老支付相整合，激活农村社会养老服务支付的内在活力，全面提高黑龙江省解决农村地区人口老龄化问题的水平和效果。

（4）提出提高黑龙江省农村社会养老服务支付能力的路径选择。依据黑龙江省农村社会养老服务支付能力影响因素的研究成果，提出提高黑龙江省农村社会养老服务支付能力的策略。在政府方面，将提升新农保政策性扶持水平、探寻多种路径谋求新农保与财政之间的平衡、切实发挥财政及税收机制的调控作用作为发展策略；在社会组织方面，提升社会组织在黑龙江省农村社会养老服务中的参与性；在村集体支付方面，将提高村集体在社会养老支付中承担部分额度、村委会发挥牵头作用、农民专业合作社提升对关联主体的沟通性与协同性作为发展机制；在激活村民筹资养老意愿方面，提升农村社会养老的互助性。同时，发挥寿险企业的资本运作作用，发挥企业对黑龙江省农村社会养老服务的辅助作用，并全面提高农村龙头企业在黑龙江省农村社会养老服务中的参与性。建设并提升农村集体养老设施的水平，提高医疗卫生服务基础设施建设水平等，旨在从多角度入手，立体化探究提升黑龙江省农村社会养老服务支付能力的路径和策略，并建构保障性机制，提升黑龙江省农村社会养老服务支付能力。

1.2.2 研究意义

从农村社会养老服务支付能力影响因素角度剖析黑龙江省农村社会养老服务的支付能力，做出路径选择，具有理论依据和应对老龄化的迫切需要，能够促进黑龙江省农村社会养老服务的发展。因此，研究黑龙江省农村社会养老服务支付能力具有重要的理论意义与现实意义。

1.2.2.1 理论意义

（1）提升农村社会养老服务的理论整合性。梳理农村社会养老服务支付机制的理论体系，明确政府支付、社会性企业支付、农户自身及家庭支付等不同支付主体在黑龙江省农村社会养老服务支付中的地位和作用，归纳影响黑龙江省农户及家庭社会养老支付水平的各项因素，提升理论整合性。

（2）为提高农村社会养老服务支付能力提供理论借鉴。将黑龙江省农村社会养老服务支付能力提升路径作为深入研究社会养老支付制度建构国际经验与实践路径的逻辑演化，结合高替代率发达国家在社会养老支付方面的经验，提升本书对养老保险制度、养老支付能力问题的建议作用，为提升黑龙江省农村社会养老服务支付能力提供理论借鉴。

1.2.2.2 现实意义

（1）有助于明确我国农村社会养老服务支付能力的影响因素。结合黑龙江省农村社会养老服务支付能力的发展现状，全方位衡量省内社会养老服务总体概况。总结农村社会养老服务政策体系，归纳农村社会养老服务途径，诠释农村社会养老服务运作机制。同时，将黑龙江省农村社会养老服务的支付主体、支付方式以及支付水平等进行总结，依据对农村老年人及家庭在生活照料支付、康复理疗支付、家政服务支付、医疗保健以及紧急救援支付等多方面的支付状况进行总结和比较，探究黑龙江省农村社会养老服务支付能力的影响因素。黑龙江省农村社会养老支付能力和国内其他省份的农村社会养老有很多共性问题，研究结论可以为其他省份提供借鉴，进而有助于明确我国农村社会养老服务支付能力的影响因素。

（2）有利于提高我国城乡一体化水平。归纳影响黑龙江省农村社会养老服务支付能力的因素，结合省内农村地区社会养老产业运行特征和支付特点，提出在城乡一体化的发展视野下提升社会养老支付能力、纵深挖掘社会养老支付潜力的措施，提升省内农村老年人养老水平，建立多方弥补、转移支付、利益共享的农村养老支付体系。

（3）有助于我国应对人口老龄化问题。我国“未富先老”，老龄化程度严重，人口老龄化问题亟待解决。而我国农村人口老龄化程度高于城镇老龄化程度，因此，解决农村人口老龄化问题是我国应对人口老龄化问题的关键。本书提出提高黑龙江省农村社会养老服务支付能力的路径选择，从而为改善农村养老问题提供借鉴。

1.3 国内外研究现状及评述

1.3.1 国内研究现状

（1）人口老龄化问题的研究。我国不同学者在各类论域中针对我国的人口老龄化问题展开了探索。人口老龄化问题是本书探究黑龙江省农村社会养老服务支付能力问题的缘起，而对该类问题所展开的研究，是建构社会养老服务支付理论基础并深入研究现实发展情况的前提。周莹等（2005）概括了农村养老保险制度的发展理论以及政策选择，探究并归纳了我国农村养老保障问题的理论分析模型，全面概括了影响农村养老制度发展和养老需求满足水平的各项因素和指标，从供给和需求角度研究了农村养老保障制度选择和制度供给的问题。梁鸿在研究中对于我国农民进行了群体细分，认为职业农民、兼业农民、土地流转者以及在城镇企业务工的人员等，其养老模式选择具有一定的差异。我国应当针对农村人口的特殊情况和分类状况，设计基于人口特征的农村养老保障体系。并且，中央应当主导建立由中央政府和各地方政府共同运作的社会养老保险计划，以财政方式和社会养老制度建设机制弥补农村养老制度的不足[2]。张恺悌的《中国人口老龄化与老年人状况蓝皮书》（2010 年）是我国学者归纳当前人口老龄化问题、阐述人口老龄化发展趋势的主要著作。我国作为世界上老年人口总量最高的国家，目前已经步入人口老龄化社会的发展阶段。但是，我国的人口老龄化问题具有特殊性。我国经济社会的发展难以适应人口老龄化的各项需求，综合国力发展的局限以及经济社会各项发展任务十分繁重的现状，均使得政府、家庭等在面对养老问题时遭遇重重困难。同时，“未富先老”、社会养老保障制度不健全、社会协同供给的养老保障机制尚未建立等问题，均使得社会养老问题成为限制我国经济社会长期发展的掣肘因素[3]。曾毅等（2012）对于我国建设小康社会的个体人口划分、老龄化社会发展及应对难点、社会结构的基本单元以及老年人健康照料和需求成本等问题进行了多元分析。通过研究表明，为适应国家应对人口老龄化和家庭养老功能缺失问题，我国应当全面深入研究老年人口家庭与健康照料成本的问题，从经济学的角度入手，将养老产业作为经济学研究领域的问题，在供给需求的理论视野之下，研究老年家庭与健康的时空分布关系、老年健康的影响因素、老年人家庭各项支付成本等。该研究成果通过对以上问题进行详尽阐述，实际上在人口经济学的理论视野之中对于养老社会化问题展开了思索[4]。杜鹏等（2001）针对我国的人口老龄化和经济体制转型问题进行研究。传统的养老方式和计划经济时期的社会养老工作模式已经不能满足当前应对人口老龄化和市场经济的多种需求。我国亟待针对老龄化工作的特征、人口老龄化制度的结构和社会资源加以重新整合，通过发展养老产业，提升社会共济应对人口老龄化问题的水平。其研究成果以社会养老产业的支付为研究的切入点，深入到我国的养老产业运行机制中，以发展养老产业弥补计划养老不足的问题，有助于调动社会各界力量，提升我国应对人口老龄化的能力和水平[5]。穆光宗（2011）针对我国的“银发浪潮”问题进行了阐述。其认为人口老龄化是影响我国社会发展并极大程度上加剧了社会运行风险的因素。我国应当充分启动各项应对老龄化的机制，从社会内在的运行机理出发，探究提升人口老龄化风险对冲能力的对策。社会养老制度作为应对人口老龄化问题的顶层设计之一，是我国尝试最大程度上解决人口老龄化问题的必要制度[6]。

（2）农村养老问题的研究。针对农村养老问题以及养老模式所展开的研究，成为学者深入挖掘农村社会现实，深耕农村养老环境所展开的研究。赵曼（2010）认为，传统的养老保障制度关注焦点较为狭隘。随着我国经济社会的全方面发展以及社会结构的转型，从广义角度挖掘城乡养老模式的转变，综合考虑初始资金保障以外的各类老年人养老实物保障，进而研究老年人养老的实物供给模式，在此分析视角研究城乡养老模式的差别，对于在宏观的背景之下比较城乡养老问题以及对于理论和实践研究均有裨益。同时，其在研究中也对于从单一物质供给向物质供养、生活照料和精神慰藉等多项保障层面过渡的发展趋势进行了归纳。在对策方面，其认为应当号召全社会参与居民养老，以积极的养老形态取代单纯依赖政府和家庭的传统养老模式，逐渐转变为社会多主体协同发展的养老机制。这是我国宏观社会养老发展的趋势，也是提升农村社会养老质量、提高农村老年人养老服务覆盖率的必由之路[7]。于保荣（2008）以实证研究的方法研究了农村老年人日常生活照料服务的供需问题。实际上是将社会养老保障制度问题、农村养老支付问题、养老模式发展问题等放置到统一的论域中加以探讨的体现。在对我国农村老年人口日常生活照料服务的基本概念进行介绍后，以社会学和经济学交叉学科的研究视角探究了当前我国农村老年人日常生活照顾服务的供需问题，并从劳动力供需的角度预测了我国未来农村社会养老发展的趋势和持续供给能力[8]。苏永刚等（2013）多方面探究了人口老龄化与养老模式的发展问题，并特别针对农村的空巢老人现象和养老模式选择等问题进行了深入研究。结合城乡养老模式的差别，探究了应对城乡人口老龄化问题的养老模式重构与优化。在研究中针对农村养老模式的支持系统、农村老年人的养老模式选择、农村空巢老人的养老实践路径等问题进行了分析。同时，也对农村计划生育家庭的社会养老保障情况加以细分，研究成果对于划分农村养老类型、理解农村养老特殊性、深入对比城乡社会养老机制发展具有重要作用[9]。

以上针对养老制度所进行的研究是本书研究的重要前提和基础。通过对以上学者在社会保障制度以及农村社会养老保险发展、社会养老供需机制等问题进行研究，可从宏观上明确我国农村社会养老基本现状。养老制度作为社会养老支付的基础制度之一，是我国城乡居民在各项养老支付中占有较大比重的内容。随着我国不断完善城乡社会养老保障制度，并在农村地区建立健全“新农保”制度，对我国的养老制度进行综述成为探究黑龙江省农村社会养老服务支付问题的理论前提。以下将针对我国学者近年来关于社会养老保障制度、农村社会养老保险、社会养老产业发展等不同领域的前沿研究成果进行归纳，为研究黑龙江省农村社会养老服务支付能力问题提供理论依据。

（3）养老保险制度运行研究。杨继军等（2013）研究了人口年龄结构、养老保险制度转轨对居民储蓄率的影响问题。探究了居民储蓄率变动与养老保险制度运行的关联性[10]。董振廷（2016）以河南省 18 个市 2006—2013 年的社会养老金运行数据为研究基础，建立了养老金结余系数局部调整模型，认为目前河南省养老金结余系数相对发展较优，但政策优化和养老金结余管理的成本相对较大，应提高对养老金结余的管理水平，降低养老金管理成本，提高养老金管理效率[11]。郑功成（2015）则针对中国职工基本养老保险制度深化改革进行研究，认为从地区分割到全国统筹是养老制度改革的必由之路[12]。张苏等（2015）建构了包含养老保险、养老方式等多元影响因素于一体的效用均衡模型，在家庭伦理的视域和帕累托最优的理论假设之下研究了养老模式与家庭财产帕累托改进之间的关系。通过研究表明，我国农村养老保险制度较好转变了家庭伦理关系，对于优化家庭福利帕累托改进具有一定效用；而城镇养老保险则在该方面的作用程度偏低[13]。其研究成果实际上辩证分析了社会养老保障制度对于城乡家庭的影响，并期望发挥养老保险对于维系家庭伦理关系的作用。王仕明（2017）研究了当前形势之下社会养老基金支付风险。我国目前面临着养老保险缺口持续增大以及基金支付风险逐年上升的问题。个人账户“空账运行”，基金积累“寅吃卯粮”，退休年龄尤其是女性退休年龄偏低，养老待遇提前支付，退休待遇的刚性调整问题以及当前我国养老待遇计发调整模式不合理等问题，均影响着社会养老保险的支付能力。针对此，我国应当逐步落实个人账户，尽快出台延迟退休以及弹性退休的各项具有针对性的政策，并逐步完善待遇计发及调整策略，建构多层次的社会养老保险支付机制[14]。周亚楠（2018）对 1987—2018 年的养老保险基金支付文献进行了总体梳理，通过研究可知该时间段我国对于城乡社保基金的运作差异分析、新型社会保障制度机制的补偿体系以及农村社会养老保险支付机制所进行的研究较为短缺，成为目前该领域研究缺位问题[15]。尚长风和张瀚文（2008）[16]、宋明岷（2011）[17] 等均针对该问题进行了详尽论述。

（4）农村养老模式问题研究。养老模式问题是我国学者研究的重点内容。肖霖等（2013）较早研究了城乡空巢老龄人口的生存状态和社会需求[18]。穆怀中等（2013）对农村养老保险适度水平及对提高社会保障水平分层贡献问题进行了研究[19]。陈东等（2015）研究了不同养老模式对我国农村老年群体幸福感的影响。其以 CHARLS 数据的研究为基础，采用 Ordered Probit 与 SEM 模型针对农村地区家庭养老、社会养老以及自我养老等三种不同模式之下老年人的幸福水平进行了研究。通过研究表明，家庭养老模式下的农村老年人幸福程度最高，但家庭养老的边际效益逐步降低；社会养老存在较大缺口，新农保制度有待完善，其对于老年人的幸福感及养老质量产生的效果依旧有待提升；自我养老提高老年人幸福感的水平最高。从影响因素上看，老年人经济实力、老年服务基础设施等均对于老年人的养老幸福感产生一定的影响[20]。安亚强等（2017）以辽宁省部分地区的调查研究数据为分析样本，研究了影响辽宁省调研地区农村老年人养老医院的各项因素，并对老年人的养老模式需求、养老服务供给等问题进行了全面研究。通过研究表明，文章研究的案例农村地区，家庭养老依旧是农村老年人的主要养老形式。伴随着机构养老和互助养老的不断发展，其也成为农村老年人的补充性养老机制。农村老年人的养老需求与实际支付能力和家庭及个人的需求水平息息相关。研究成果对于归纳黑龙江省农村老年人口养老需求及养老支付的影响因素具有指导意义[21]。班晓娜等（2017）则针对辽宁地区的调查数据进行了农村居民实现老年期体面生活的途径分析[22]。盛见（2018）研究了我国养老产业供需失衡的问题，认为我国养老产业目前仍然处于起步阶段，存在养老产业基础设施发展薄弱、持续供给动能不足和低水平均衡陷阱等问题，以及老龄群体较低的支付能力和支付保障、支付意愿等，其均对于我国建构社会养老服务供给模式造成一定的干扰，且供需资源错配也导致了我国社会养老资源的失衡。针对此，应当提升各项养老资源的精准分配水平，提升各项机制协同发展的水平，建构多主体协同发展的养老产业供给模式[23]。

（5）养老服务发展问题研究。对于我国社会养老服务业以及养老产业发展所进行的研究是本书研究社会养老支付问题的主要领域，也是学者集中研究的重点问题。班晓娜等（2013）以大连地区为调研区域，认为发展养老产业是缓解人口老龄化危机的重要途径，而养老需求和养老的支付能力决定了养老机构发展的方向。其认为目前养老产业发展中存在多项问题，传统养老理念和养老观念的限制、养老机构宣传与推进程度的不足、老年群体较弱的支付能力以及我国公立养老机构的缺失等，共同影响了大连市社会养老产业的发展。建构良好的社会养老环境，应当基于老年人的基础需求和高层次需求，充分考虑老年人的支付能力，建设多渠道协同发展的养老机构运行机制，并提高对养老产业的规划与管理水平[24]。魏文斌等（2013）也研究了社会养老服务体系的模式构建及实现路径问题[25]。李红凤（2016）研究了提高养老机构服务质量的问题。通过研究表明，我国养老机构目前发展中存在多方面问题，而老年人收入水平偏低、养老机构服务意识不强以及有效监管缺位等问题是持续影响我国养老产业发展质量的因素。应当提升养老机构自身的管理质量，将此作为优化社会养老服务的基础[26]。王培培等（2016）进行了社会养老服务体系的建构与运行模式创新。其将政府与社会资本合作的模式作为推进我国社会养老服务业全面发展的机制，认为运用服务外包、TOT、BOT、特许经营等模式，深度建构 PPP 模式，建立健全合作共建模式、特定项目合作模式、统一完善合作模式以及服务外包的模式对于提高社会养老服务业的运行水平可发挥的作用[27]。林闽钢等（2016）在准市场理论的研究视野中，认为社会服务的多元化筹资与支付机制成为社会养老服务业的运行方式。政府在筹资中发挥作用，社会性主体在筹资中发挥协同作用，成为社会养老产业实现良性供给的必然机制[28]。睢党臣等（2016）研究了社会养老服务模式创新点问题，将

“互联网+居家养老”作为智慧养老模式的创新。他们认为，发展智慧养老模式是应对居家养老供给不足、发挥互联网平台作用和辅助作用的途径。应当将智慧养老作为居家养老的社会化补充模式，激活社会养老动能、提升养老模式的创新性[29]。

(6) 社会养老支付问题研究。针对养老支付所展开的分析是与本书研究内容直接相关的议题，也是我国近年来在社会保障领域进行微观研究的重点。赵子乐等（2013）对二元社会养老保障体系下的转移支付问题进行了研究，探究了社会养老支付的底层逻辑[30]。张庆君等（2014）探究了人口结构变迁以及人口老龄化过程中社会养老保险的持续性支付能力问题。通过对2003—2010年的中国省级面板数据进行研究，认为人口老龄化和社会养老保险支付能力之间并非呈现线性关系，人口老龄化的程度及其对社会养老保险可持续支付能力的影响呈现出多元性。研究结果证明社会养老支付水平的影响因素具有多元性，应当充分考虑区域特征，衡量提高养老保险支付能力、激活支付动能的机制和作用路径[31]。杨志勇（2016）认为缓解养老金的支付问题应当充分发挥央地财政的作用，应当完善中央对地方的转移支付制度，应建立央地财政划分的支付管理办法，充分考虑中央转移支付机制对于地方财政支付的影响，将优化央地财政作为缓解养老金支付压力的途径[32]。黄文浩等（2017）以国务院在2015年所颁行的《基本养老金保险基金投资管理办法》为契机，探讨了我国养老金入市的问题，并将养老金入市作为优化我国社会养老支付机制的举措。其以省为研究单位，基于区域社会养老机制运行的特征，研究了我国“地方统筹、地方管理”格局之下的基本社会养老支付问题，将养老金的资本运作作为弥补社会养老支付能力不足问题的策略，对于进一步挖掘我国社会养老金的支付潜力具有重要作用[33]。王仕明（2017）通过研究表明，我国养老保险的资金缺口较大，支付风险成为影响我国养老事业持续运行的风险类型。我国应当全面提高个人账户的管理水平，扩大养老金基金的征缴范围，完善养老金支付制度，提高社会养老基金的统筹性，将政府统筹和社会运营同步发展，纵深挖掘养老基金的支付潜力[34]。杨新荣等（2013）也针对我国养老保险基金的筹集、监管及其支付问题进行了分析[35]。

(7) 微观的养老支付问题和养老需求问题的研究。郭席四（2003）在早期研究了我国养老保险资金支付缺口形成的原因与对策，将养老保险资金支付缺口作为研究对象，指出结构性失调问题对于养老支付的阻碍[36]。曹煜玲（2013）从微观入手，对我国居民养老支付能力的区域分异及筹资策略进行了研究[37]。楠屏（2015）以天津市津南分中心的养老支付机制为研究对象，介绍了其“两横两纵”模式对于社会养老支付机制的优化作用。在横向上的支付机制优化体现为建立畅通无阻的行政通道、设立部门间联动机制，拓展代发渠道以强化社会养老支付网点的效能；在纵向上体现为搭建交流平台，充分激活街道等基层政府的经办能力，并推行社区服务制度，设立承接网点，建立健全两级核查机制，严控支付风险。以上对策是我国政府在优化养老支付机制、防控支付风险的重要途径[38]。唐运舒等（2016）从生育政策入手探究了缓解城镇职工养老保险支付危机的机制，建构了人口预测模型和养老支付缺口模型，认为全力放弃二孩政策有助于缓解社会养老保险收支平衡的问题。同时，其预测了该项政策体现作用的时间节点，并预测了该项政策产生作用后弥补养老金缺口的程度。研究成果对于重建及缓解社会养老支付负担具有重要作用[39]。彭博等（2017）以辽宁省锦州市市民的养老支付为研究对象，探讨了支付能力和机构养老总体需求情况，并将上述因素作为发展锦州市养老产业、提高锦州市社会养老服务政策覆盖性并充分调动各项养老资源的重要依据。在针对锦州市25个社区、5个养老机构以及13个市级、县级农村单位进行调研的基础之上，明确了城镇居民倾向于居家养老的整体现实，也获知了城乡居民对于机构养老的保守态度。从养老支付来源上看，城镇居民们过半以上以退休金作为养老支付的来源，22%左右将子女赡养作为养老支付来源；农村居民的养老模式与城镇呈现出较大差别，仅有29.7%的居民选择以退休金进行养老，而近34%的居民将子女供养作为养老支付主要来源。这说明农村的养老金替代水平相对较低，在养老服务中的支付机制有待提升。并且，提升养老机构的护理水平成为有效满足城乡老年人社会养老需求的入手点，应将发展医养结合型的养老机构作为撬动城乡养老支付的关键领域[40]。张浩一（2017）针对人口老龄化背景之下城镇养老支付能力进行了有效分析。通过研究表明，我国老龄人口数目庞大，老龄化发展趋势将逐年递增，基于我国老龄人口所呈现出的城乡二元化特征，“未富先老”问题成为我国面对人口老龄化的阻碍因素。在支付方面，应当建立完善的公共财政治理秩序，发挥公共财政在社会养老支付方面的动能；创建多元化的养老保险制度，有效减轻政府财政负担；提高养老保险金的保质期和增值水平，有效对风险形成对冲机制；严格把控退休年龄，降低养老支出压力；进一步落实养老保险方面的法律法规，全面提高我国养老资金支付机制的合法性与合规性[41]。

1.3.2 国外研究现状

国外针对社会养老服务支付能力相关议题也展开了细致研究。基于西方国家与我国在社会保障制度方面的不同以及养老产业发展阶段性的差别，在综述国外研究成果时，将结合国外养老保障制度、社会养老产业发展以及支付机制等问题进行论述。

(1) 社会养老保险制度研究。结合国际上主流国家国情及其养老保险制度的建构状况，可知一般较少依据农村和城市差别建构区别化的社会养老保险制度，本书国外经验概述相关章节中对该问题也将有所涉及。一般国家在全国统筹的视域之下建构了一体化的养老保险制度并加以推行。作为具有较大参考价值的西方发达国家，其社会养老保险制度背后一般是各类学派关于社会福利、社会保障机制、政府与市场博弈的深度探索。在西方社会养老保障制度建构初期，国家干预主义、经济自由主义和中间道路学派的思想成为建构具有不同指向性的社会养老保险制度背后的理论指导，而其背后的核心逻辑，则指向了社会保障制度背后政府与市场的主体竞争、公平与效率的性质竞争、国家干预和非干预的运作机制竞争等。西方社会法制和政府管理背后的核心逻辑——权利与责任——是社会保障制度建构和发展的最终影响因素[42]。随着西方国家社会养老保险制度的不断发展以及人口老龄化危急的突现，各国在20世纪70年代左右逐步进入了养老保险制度的完善、调整与探索阶段。在该阶段中，福利国家社会保障制度出现收支困境、国民经济社会发展阶段性滞涨，社会保障制度的改革成为维系社会健康、稳健运行的必然。故而，涵盖政府财政性支出、企业年金和个人账户的多元化社会养老保险供给机制得以建立，这也是社会养老保险制度的自我完善。进入20世纪90年代，养老金缺口的扩充以及人口老龄化问题的进一步深化使得养老金的运营管理、社会养老保险供给机制的重构等内容成为该发展阶段主流。社会养老保险基金的运营、非政府机构参与养老保险金管理、非政府部门参与养老产业运营均成为应对福利危机的举措，更有部分国家展开了社会养老保险私有化运营，但发展程度和实践性偏低。国际劳工组织以及世界银行在20世纪90年代提出了养老金制度运行改革的建议和计划，倡导尝试建立政府以及社会组织协同运行的收益制养老金运作制度，将养老保险制度转变为政府与私人部门协同管理、政府支付个人及企业协同支付的运行机制，以应对养老金支付危机。在此导向之下，逐步形成了由三部分构成的社会养老基金运行模式，分别是具有强制性的政府支付部门、企业等私人雇佣部门支付的年金和个人的支付部门[43]。该种制度此后日趋完善，成为美国、德国等发达国家延续至今的社会养老保险支付制度。

针对养老保险制度进行反思，最终目的是在探究养老保险制度的运行逻辑，进而为我国农村地区养老保险制度的建构和完善问题提出对策。从先进发达国家社会养老保险制度的来源和运作机制来看，其具有一定的发展特征，并伴随着阶段性。特征在于政府的责任：无论是此前由政府主导的福利国家社会保障制度，还是由国家、私人部门和公民联合参与的新型社会养老保险制度，最终的逻辑均在于对政府责任的凸显。从阶段性上看，从政府主导的福利国家社会保障制度到以政府为主导，私人部门和个人协同参与的养老保险制度变革，最终依旧指向的是政府责任和公民福祉。上述内容是我国建构社会养老保险协同支付机制，拓展养老支付来源渠道背后的重要理论依据。

(2) 社会养老需求和养老产业发展相关研究。国外在微观的养老产业发展和社会养老需求等方面进行了研究。宏观的社会养老保险制度是公民养老支付的底层基础，而在微观层面研究养老产业供需机制，从老年人口的各项实际需求、养老体验、养老产业运行机制等方面进行研究，则是研究社会养老产业运行逻辑和运行机制的关键内容。国外探索养老产业运行机制的研究成果差别性较大，包括但不限于对养老产业机构社会性、特殊人群养老需求、养老多元化需求等所展开的研究。部分研究成果更是极具前沿性，从养老模式创新、社区养老模式建构、国别化养老产业需求和养老模式探索等方面展开了研究。下面将进行分类介绍。

部分学者针对养老产业特殊性、社会养老产业发展的相关影响因素等展开了研究。R. A. Humble 等（1998）探索了养老护理中心的会员运行模式和支付机制问题。其较早对于以社会化手段和市场化手段建立退休养护中心的问题进行了研究。以该种模式建构的会籍制养老中心具有提升经营稳定性、保障群体稳定性等多种功能，是以产业化运行社会养老机制的代表模式之一[44]。Lisa Groger 等（2007）针对长期护理社区的发展模式进行了研究。该类社区是结合医疗和养护于一体的社会化养老运行模式，其长期养护的特征与养老需求的持续性有机关联，使得护理的专业性、养老的持续性以及养老的机构性和社会性相关联，是新型机构养老模式的代表[45]。Kieran Walsh 等（2008）针对农村社会养老护理需求展开了研究。探讨了老年人提升自身风险抵御能力、提高身体素质以及经济支付能力的作用。实际上是将提升风险抵御能力作为农村养老需求的调控机制[46]。Julie Vullnetari 等（2008）研究了大规模移民以及护理缺失状态之下阿尔巴尼亚农村地区老年人的社会养老困境。实际上研究了外部环境变动和区域稳定性规律被打破的环境之下维系农村地区老年人养老质量的问题[47]。Stuart Wark（2015）研究了人口老龄化发展趋势之下临终关怀与国家残疾保障制度对提升老年人社会养老效果的作用。临终关怀等内容作为与人口老龄化相关联的关键内容，是养老产业的关键构成部分。随着社会养老服务覆盖领域的拓展，阐述了引进临终关怀的国际经验，并阐释了细分养老保障制度的必要性问题[48]。

部分学者针对疾病患者、普通养老照护需求人群的养老需求特征等问题进行了研究。Naoko Muramatsu 等（2010）研究了家庭与社区养老对于功能下降老年人的照护问题。探究精神支持和心理健康照护对于该类老年人的作用，探究了老年人养老的精神需求类问题[49]。Samar M Aoun（2013）在服务提供者的研究视角中研究了独居绝症患者这一特殊性人群的需求。该类人群是提供社会化养老服务中的重要人群，针对该人群所提供的社会养老服务是具有浓厚的医疗性质。建构结合医疗和照护于一体的养护制度对于应对社会不同群体的需求具有必要性[50]。Janine Stein 等（2016）运用 CANE 案例数据对老年人的各类需求进行了评估。选取患有抑郁症和非患病人群进行实验对照，研究了具有特殊性疾病的群体在养老护理服务上的需求状况和满足情况。通过研究可知患病是影响老年人社会养老需求的关键因素，但同时也指出了情感关照在养老人看护和服务中的重要性[51]。Thomas Barnay 等（2016）针对老年人居家养老模式和精神健康状况之间的关联性进行了研究。居家养老模式的情感供给包含老年人精神状态的照护，现代化的持续推进使得养老的资金消耗与劳动消耗有所降低，情感依赖则成为该种养老模式的优势所在[52]。实际上也强调了基于情感需求的养老模式对于养老人养老的重要性。R. Aydin 等（2016）针对土耳其西部农村地区的家庭保健需求和生活质量状况进行评价。基于土耳其西部农村地区相对局促的居住条件和有限的社会资源，老年人在养老的过程中往往只有较低的家庭保健需求，而生存需求成为该区域老年人养老的首要需求。但从特殊性上看，生活质量与家庭保健需求也呈现出一定的背离性，亦即保健需求的产生在一定程度上是降低生活成本的必然。这说明了老年人对家庭保健的刚性需求，也说明了农村地区生活质量与其家庭保健需求的背离性[53]。Roiyah Saltus 和 Christalla Pithara（2015）基于老年人口的性别，对养老护理中的尊严性问题进行了研究。机构养老等非家庭养老形式的深化、老年人社会能力的退化以及男女两性在生理上的特征使得研究养老护理中的尊严问题具有较高必要性[54]。该研究问题直指养老的精神需求，也印证了提升精神关怀性对提高养老质量的作用。

（3）养老机制和养老模式研究。部分学者对不同国家的养老机制和养老模式进行了探索。Emily J. Henderson 等（2008）研究了澳大利亚老年人社区关怀问题。介绍了澳大利亚养老模式中的关怀式机构养老机制，探究了机构集体制养老的发展方向，并对于机构养老的发展方向和完善策略进行介绍[55]。Yadollah Abolfathi Momtaz 等（2012）研究了马来西亚残疾老年人的养老需求问题。残疾人群体作为对养老服务具有刚性需求的人群，当前社会养老服务有效供给不足，需求程度溢出，影响了马来西亚的社会养老质量。应当提升社会养老服务对各类人群的覆盖性，提升社会养老服务水平[56]。Soichi Koike 等（2013）针对日本城市地区家庭养老模式之下的护理需求和支付水平进行研究。日本城市养老需求的特征在于对个人空间和精神慰藉的需求。城市化养老模式极容易转变为依托物质养老而忽视内在精神的模式化养老。提高护理需求的关键在于提高护理服务的针对性和专业性，以定制服务满足城市老年人社会养老需求[57]。Yoshiyuki Nagaya 等（2014）介绍了日本农村社会社区的养老经验，针对其干预措施进行系统性阐释。日本农村地区养老干预机制主要是机构养老，这是应对日本人口老龄化、化解日本社会劳动力再生产困境的途径。其干预在于系统性和通盘化，通过对农村老年人口进行系统性服务，发挥机构养老职能[58]。Li-Juan Liu 等（2014）则研究了中国上海市空巢家庭老年人养老需求中的医疗需求和家庭支付意愿问题。医疗需求是老年人养老需求的显著构成因素，在家庭总体支付能力不变的条件下，老年人养老需求与家庭支付水平呈现协同变动的特征，而家庭支付意愿在一般条件下与家庭中老年人的医疗需求呈现协同变动的趋势[59]。

1.3.3 国内外研究现状评述

通过对国内外与社会养老服务支付相关的研究成果进行总结和分类，可知无论我国还是国外，养老保险制度的建立健全均是研究养老支付问题的核心内容[60]。我国学者针对人口老龄化和农村社会养老保障制度的建构问题展开了研究，梳理了我国养老保障制度缘起、发展脉络和机构机制，并着重对农村地区的养老保障制度运行状况加以研究，也探索了目前城乡一体化发展趋势之下农村养老保险制度发展的局限性问题。国外在该方面的研究中基于不区分城乡养老保险的特征，研究成果一般是针对福利型国家社会保障制度等所进行的论述。上述研究内容有利于深入理解国内外养老保障制度、提高农村养老服务支付能力的对策。

国内外学者也针对养老产业和社会养老服务问题展开了研究。我国学者研究了农村养老问题以及养老模式，深入我国农村地区，探索农村地区社会养老需求的发展问题、农村养老形态转变问题、养老物质基础问题等。这些研究成果是笔者形成对我国农村地区的立体化养老需求认知模式，多层次理解农村社会养老需求问题的基础。国外学者则进一步针对养老需求问题进行细分，研究的范畴涉及农村老年人养老需求特殊性、老年人疾病人群需求的多元性等问题。这些研究立足于微观群体特征、深入老年人群体内部探究差别性需求的研究导向，对于提升对农村老年人需求的认知性有重要作用，也有助于在本书的写作中结合老年人养老服务需求进行立体性思索，提升内容覆盖性。

通过对研究成果的归纳和分析，发现存在的问题和未来研究方向，总结为以下几个方面：

（1）对农村养老支付能力问题研究较少。国内外研究成果中还存在部分问题难以覆盖。基于发达国家在社会保障制度上的健全性，个人在养老支付中承担性较弱，较少有研究者针对养老支付问题展开研究。而由于我国农村社会养老保障制度覆盖性和发展阶段性的限制，农村社会养老支付形式复杂，缺乏系统性研究。

（2）农村社会养老产业的微观运行研究不够深入。虽然学者们研究了社会养老支付问题，但研究角度和范围比较宽泛，具体的养老产业的运行机制没有深入研究。多数针对养老金缺口、转移支付和养老金入市等问题进行研究。微观运行研究包括养老服务产业的具体状态和存在的问题及解决途径。由此可见，农村养老产业的微观运行研究是未来研究的趋势。

（3）农村养老服务业的建设和运行机制方面的研究成果处于初级阶段。从相关研究文献的研究内容来看，多数学者研究我国整体养老产业的建设和运行机制，针对的农村养老服务业的建设和运行机制的研究处于初级阶段，研究较少，这是后续研究中有待进行深入探索的内容。

1.4 研 究 内 容

本书主体部分的写作共分为 8 章。

第 1 章：绪论。该部分的主要内容在于阐述本书的研究背景，明确探究黑龙江省农村社会养老服务支付问题的缘起，归纳研究本书研究的主要目的和意义，阐述国内外社会保障制度、养老金制度运转、社会养老支付、养老产业发展以及农村养老服务等相关内容的研究现状，在前沿理论的指导之下探究黑龙江省农村社会养老服务支付问题。本章节目的也在于归纳文章的研究方法，建构文章的技术路线并阐述研究内容，为后文的写作奠定基础、梳理逻辑结构。

第 2 章：相关概念界定及理论基础。该部分的主要内容在于归纳文章研究中涉及的主要概念，从农村社会养老服务、支付能力及养老服务支付能力等概念入手，并从福利经济学理论、收入分配理论、制度变迁理论和公共物品理论等理论基础出发，利用上述经济学和管理学等学科的理论基础诠释黑龙江省农村社会养老服务支付问题，建构本书研究的理论基础。

第 3 章：黑龙江省农村社会养老服务的现状及存在的问题。该部分的内容重点在于归纳黑龙江省农村社会养老服务现状，从省内社会养老服务总体概况、农村社会养老服务政策体系、农村社会养老服务类型以及农村社会养老服务运作机制等方面入手，诠释黑龙江省农村社会养老产业的基本情况及存在的问题。

第 4 章：黑龙江省农村社会养老服务支付能力现状。从农村社会养老服务支付主体、农村社会养老服务支付方式以及农村社会养老服务支付水平等方面出发，明确研究黑龙江省农村社会养老服务支付过程中的各项关涉因素。然后，进行黑龙江省农村社会养老服务支付能力评价。从生活照料支付能力评价、康复理疗支付能力评价、家政服务支付能力评价、医疗保健支付能力评价以及紧急救援支付能力评价等方面明确黑龙江省农村社会养老支付的基本情况，完整建构黑龙江省农村社会养老服务支付能力框架，并对黑龙江省农村社会养老服务支付能力形成具体认识。

第 5 章：黑龙江省农村社会养老服务支付能力的影响因素实证研究。该部分研究内容从农村社会养老服务支付维度及影响机制入手，探索政府及政策因素、非营利机构因素、市场化企业因素、农村村集体因素、农村老年人及家庭因素在黑龙江省农村社会养老服务支付中的地位和扮演的角色。然后，进行样本和影响因子筛选研究。结合本书的数据来源，在黑龙江省农村社会养老服务支付问题的研究视角中归纳影响因子，并进行主成分分析。针对所提取的主成分进行信度和效度检验，运用 KMO 检测和克隆巴赫 α 系数检测，证明提取主成分的合理性。针对上述问题验证后，建构回归模型，进行皮尔森相关性分析，明确研究的因子是否适合进行回归分析。最后，依据回归分析的结果得出结论。

第 6 章：国内外经验借鉴与启示。通过阐释英国、美国、德国与日本等国家的农村社会养老服务支付模式，探究上述社会养老水平较高的国家在养老金运行与管理、养老支付、养老制度设计特征等方面的具体情况，为完善我国农村社会养老支付模式，提高农村社会养老支付能力提供依据和借鉴。并总结我国江苏省农村社会养老服务支付模式与启示，为提高黑龙江省农村社会养老服务支付能力提供借鉴。

第 7 章：提高黑龙江省农村社会养老服务支付能力的策略。依据第 5 章中对于黑龙江省农村社会养老服务支付能力所进行的实证研究和第 4 章中对于黑龙江省农村社会养老支付能力的现状分析，从提高央地财政扶持力度、提高社会组织的介入性、提高农村村集体投入性、激活农民筹资养老自主支付意愿、提高企业农村养老投入和建设农村集体养老设施、提高资本支付辅助水平以及提升农民自主支付意愿等角度入手，有效激活黑龙江省农村社会养老支付意愿，提升总体服务供给水平，提高黑龙江省农村社会养老服务支付能力。

第8章：提高黑龙江省农村社会养老服务支付能力的保障措施。本章内容从政策保障、组织保障、人员保障和资金保障等几方面出发，在政策保障方面确保政策制定的合理性、确保群体间政策针对性、确保政策及时变化调整；在组织保障方面，应当设定专门管理组织、引导社会组织参与并选择适当监督机构；在人员保障方面，应当提高管理人员素质并提高人员专业化水平；在资金保障方面，应当提高央地财政扶持水平并提高非营利组织参与性。为提升黑龙江省农村社会养老服务支付能力建构保障机制。

1.5 研究方法及创新之处

1.5.1 研究方法

(1) 文献分析法。归纳国内外不同国家和地区在社会养老服务发展机制、社会养老服务支付方式以及农村社会养老产业运转方面的前沿研究成果，在文献归纳的视角之下梳理黑龙江省农村社会养老服务支付研究的理论基础，整合前沿研究文献中对于提升黑龙江省农村社会养老服务支付能力具有助益的策略，为建构黑龙江省农村社会养老服务支付体系、有效划分黑龙江省农村社会养老服务影响维度并提炼影响农村社会养老服务支付能力的因素具有指导作用，也有助于结合国内外先进研究结论，探索提高黑龙江省农村社会养老服务支付能力的路径，进而提升黑龙江省农村社会养老服务支付能力。

(2) 定性与定量相结合。本书运用定性与定量相结合的研究方法，在定性研究下，诠释黑龙江省农村社会养老服务支付的基本逻辑，划分影响黑龙江省农村社会养老服务支付能力的各项因素，概括分析黑龙江省农村社会养老服务支付能力的影响因素。通过定量研究，对黑龙江省社会养老服务的整体概况进行综合阐述，结合省内社会养老服务的发展概况、农村社会养老服务的政策体系、以及不同主体在黑龙江省农村社会养老服务支付中的作用进行研究，以量化的研究方式评价黑龙江省农村社会养老服务支付中生活照料、康复理疗、家政服务、医疗保健以及紧急救援等各方面的支付水平。提高对于黑龙江省农村社会养老服务支付的量化分析效果。同时，本书在实证研究中运用主成分分析法提炼出对于黑龙江省农村社会养老服务支付具有影响作用的各项支付主体，有助于精确化衡量不同主体对于黑龙江省农村社会养老服务支付能力的影响水平，进而从量化方面诠释黑龙江省农村社会养老服务支付中不同因素的影响性质和影响程度，有助于对农村社会养老服务的支付能力形成整体认识。

(3) 主成分分析法、多元回归分析法。本书运用数据分析的方法，首先针对黑龙江省农村社会养老服务支付的影响因素进行主成分分析，建构出涵盖共计5个维度24项因子的黑龙江省农村社会养老服务支付影响因素体系，并进而用主成分分析法提炼出12项核心影响因素作为黑龙江省农村社会养老服务支付影响因素的主成分。在提炼影响因素的基础之上，针对所提炼的影响因素进行KMO检测和克隆巴赫α系数检测，并运用多元回归分析法研究不同影响因素在黑龙江省农村社会养老服务支付中的作用和地位，提升对省内农村社会养老服务支付能力的量化研究水平，为后文探究提升黑龙江省农村社会养老服务支付能力的对策夯实基础，提升研究对策和保障性措施的针对性。

（4）归纳法与演绎法。本书运用归纳法和演绎法针对黑龙江省农村社会养老服务支付能力进行研究。用归纳法对于黑龙江省农村社会养老服务支付现状进行总体阐释，明确当前支付的主要特征，找出农村社会养老服务发展中存在的不足，对于黑龙江省农村社会养老服务支付的现状形成综合认识。运用演绎法将黑龙江省农村社会养老服务支付能力的影响因素归纳为政府及政策因素、非营利机构因素、市场化企业因素、农村村集体因素以及老人及家庭因素，从多角度入手，针对不同支付主体在黑龙江省农村社会养老服务支付中的作用进行分类研究，诠释央地财政因素、企业及非营利组织因素、农村家庭及个人因素对黑龙江省农村社会养老服务支付的影响性质和作用，建构出黑龙江省农村社会养老服务支付影响主体的脉络和体系，提升对黑龙江省农村社会养老服务支付认识的清晰性，在归纳法与演绎法相结合的方法下对黑龙江省农村社会养老服务支付形成整体认识。

1.5.2 技术路线

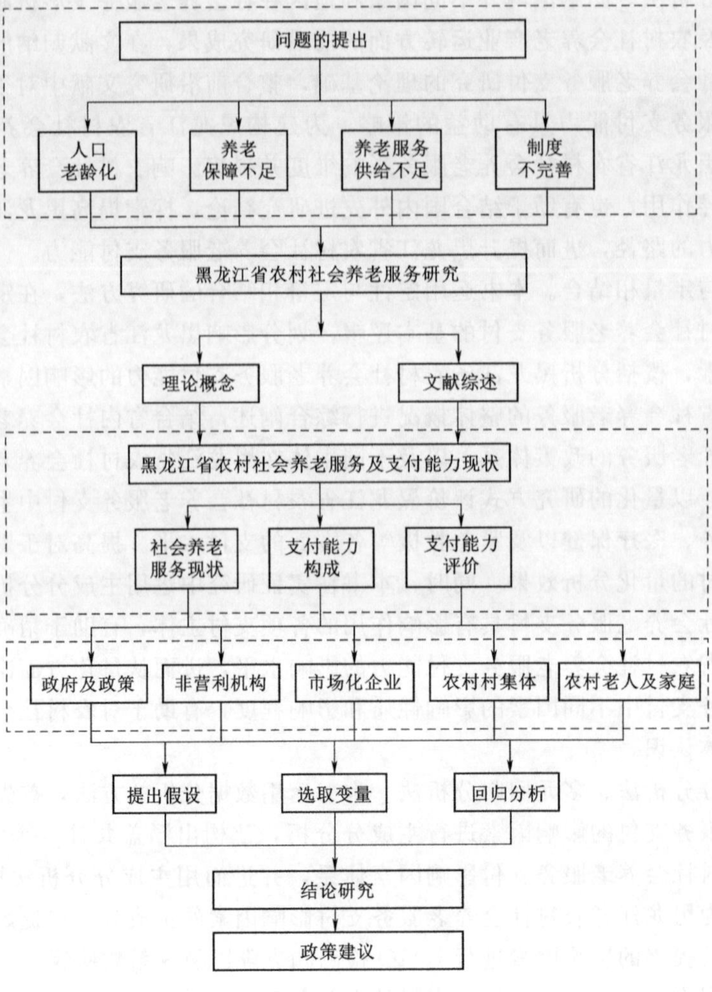

图 1-1 技术路线图

1.5.3 创新之处

（1）构建了黑龙江省农村社会养老服务支付能力影响因素体系。从农村老人及家庭因素、政府及政策因素、非营利机构因素、市场化企业因素、农村村集体因素 5 个方面，形成了黑龙江省农村社会养老服务支付能力的影响维度。并在此基础上提出了 12 个重要的影响因子：家庭支付能力、养老产业发展水平、公有制企业投入、养老社会性、财政收入、新农保支付水平、非营利机构财务、慈善信托等资本运作、老年人养老刚性需求、地方性企业支付、村集体支付水平和养老方式选择。与 5 个维度一起形成了黑龙江省农村社会养老服务支付能力的影响因素体系。构建了黑龙江省农村社会养老服务支付能力的影响因素体系。

（2）提出了提高黑龙江省农村社会养老服务支付能力的路径。从提高政府及政策扶持力度、提高非营利机构的参与性、提高企业的作用、提高农村村集体投入、激活农民筹资养老及自主支付意愿 5 方面，提出了提高黑龙江省农村社会养老服务支付能力的路径。

2 相关概念界定及理论基础

2.1 相 关 概 念

2.1.1 农村社会养老服务

阐释农村社会养老服务，须首先阐释社会养老服务的概念，并在此基础上对比农村社会养老服务的特殊性，对社会养老服务问题进行深刻透彻认识。社会养老服务是指在国家和家庭养老主体单一、功能弱化、养老负担加重的背景下，政府、家庭和社会等多方面主体以联动方式提供老年人养老所需的各项服务，保障老年人养老质量，调动多方面的社会资源，协同应对人口老龄化问题的行为方式和作用机制[89,93]。社会养老服务最为基础的功能在于保障老年人基本养老水平，进而保障老年人顺利度过晚年。人口老龄化、独生子女导致家庭供养能力不足、生活成本上升、老年人自我养老动能不足等问题均使得社会养老服务成为老年人养老的刚性需求。

本书认为农村社会养老服务是在农村地区由家庭、政府、社会组织等不同主体所提供的养老服务，服务对象是农村老年居民。农村社会养老服务与城市相比有两种差别：其一，农村社会整体供给水平低。该方面包括资金供给水平、基础设施供给水平、人力资源供给水平，而资金供给对于人力资源和基础设施供给有显著影响。其二，支付能力低。包含家庭支付能力、个人支付能力和组织支付能力。基于我国城乡二元格局的长期存在，城乡收入水平差距较大、城乡基础设施供给的差异和城乡居民在各项社会福利、社会保障待遇上的差别导致社会养老呈现明显差别。虽然社会养老服务对家庭养老服务的替代性明显提升，但其从根本上无法撼动家庭养老的作用，二者在功能上依旧呈现出高度的互补性。老年人所需要的亲子照料、情感关怀、安全感等在相当大程度上来源于家庭和子女；而老年人所需的专业化养老服务，则相当大程度上来源于社会。所以，二者相辅相成。

农村社会养老服务与城市社会养老服务存在一定的差别。从含义上看是在农村地区由政府、社会组织等不同主体所提供的养老服务，但是本质上却具有其自身的特殊逻辑，这也是将黑龙江省农村社会养老服务支付问题作为研究论题的原因。农村社会养老服务在两个层面上与城市呈现出差别：其一，农村社会整体供给水平低。该方面包括资金供给水平、基础设施供给水平、人力资源供给水平，而资金供给对于人力资源和基础设施供给有显著影响。其二，支付能力低。包含家庭支付能力、个人支付能力和组织支付能力。基于我国城乡二元格局的长期存在，城乡收入水平差距较大、城乡基础设施供给的差异和城乡居民在各项社会福利、社会保障待遇上的差别导致社会养老呈现明显差别。

2.1.2 支付能力及养老服务支付能力

支付能力是资金支出和资金收入之间的比例关系[24,33]。本书研究的农村社会养老服务支付能力问题，是研究各个社会养老服务主体的支付水平、支付机制、支付关系等问题。支付能力是服务获取的重要基础，决定了服务的质量、服务的类别、服务提供方式等。支付能力和产品供给匹配是衡量供需运行水平的关键，也是衡量各项支付服务提供主体的营利性、持续发展水平和再发展潜力的关键。

社会养老服务支付能力是个人、家庭、政府和社会组织等多主体在一定社会养老服务供给条件下的支付水平，是衡量社会养老服务产业良性发展和稳健运营程度的量化因素，受老年人及家庭支付水平、支付偏好、支付意愿和应付价格等多方面因素的影响[61]。所以，农村社会养老服务不仅涉及农村老年人口及家庭、组织、政府的实际支付能力，也涉及农村消费观念问题、社会转型问题、公共服务及营利部门服务供给问题等多方面因素，使得该问题成为融合福利经济学、政治经济学、社会保障学、人口学等多学科、多领域的重点研究问题[62]。社会养老服务支付能力研究作为社会养老服务领域研究的新兴内容，实际上是传统问题的延伸，本质上研究的是有效需求和支付水平的关系。无论是营利性的还是非营利性的社会养老服务，均需要相应的供给，通过供求平衡来实现功能的最大化。

社会养老服务支付能力背后是庞大的社会保障体系和养老产业化运作。而在支付能力的视角之下探究社会养老服务的发展逻辑，是将养老问题放置在产业化和供给—需求的视野中进行研究的体现。传统的社会养老服务研究一般尝试研究养老产业化运行机制、运行方式、建构逻辑、政策调控等。但是，在产业化和市场化的发展背景下，支付能力则是研究供需平衡的前提。从我国传统的养老支付模式上看，家庭支付、个人支付均是个体性支付，政府支付一般体现在社会养老金及相应的养老福利性开支项目上，社会主体在养老问题上往往缺位[63]。逐步提高对农村社会各项政策倾斜后，农村社会养老服务的支付问题成为依托各类主体资金基础、助力农村养老事业发展的关键。

综上，支付能力表征着主体资本的拥有量，也是有效调节供需的经济手段。社会养老服务支付背后的支付逻辑是该产业发展的基础，关乎社会养老服务的发展壮大、发展主体之间的协同关系等。

2.2 理论基础

2.2.1 福利经济学理论

福利经济学理论是强调国家这一经济主体在提供社会福利过程中运作逻辑和运作机制的理论。该理论是西方国家在第二次世界大战后建立福利国家社会保障制度的重要基础。以英国为代表的西方国家推行的福利国家社会保障制度，正是在福利经济学的作用之下建构的社会基本养老保险制度。

从福利经济学的演进路径上看，英国颁行于1601年的《济贫法》是以法律形式将救济贫民作为国家义务的固定。此前，救济贫困人口并非政府义务，而一般由私人部门履行该项职责。此前，教会和社会福利机构等非政府部门负责救济贫困人口，而政府一般在救济贫民方面不发挥主体作用。英国政府颁行《济贫法》拥有特殊的社会背景。英国圈地运动导致大批农民失地，农民起义爆发。此后，英国当局以多种政策调节失地农民待遇，《济贫法》以前提出周密的支付机制，体现为两部分：第一部分是1555年开始的自愿缴纳的济贫捐，第二部分是1563年强行征收的济贫税。以上两部分捐税是《济贫法》中贫民救济金的来源，直接支付主体是政府。英国议会在1601年《济贫法》的基础之上，于1834年通过《济贫法（修正案）》。该法案设定了济贫组织机构，将委员会和各教区联合委员会作为主要的济贫机构以主导济贫事宜。在1871年后，地方政府成为主导济贫的政府部门，济贫逻辑和支付方式不发生根本改变。从本质上讲，英国《济贫法》和《济贫法（修正案）》是与英国产业革命相伴随的济贫依据，也成为福利国家思想和福利经济学思想的起源。

1776年，亚当·斯密《国民财富的性质和原因的研究》（以下简称《国富论》）中不仅奠定了市场经济的逻辑基础，实际上也诠释了市场经济有助于推动社会福利发展的必然逻辑。普遍的利己主义和追求利益最大化虽然是理性经济人的行为逻辑，但理性市场经济的环境下，个人必将出于自身对利益最大化的渴求而间接产生利他效果。该思想是对英国1601年《济贫法》逻辑的修正，也与英国产业革命兴起、失地农民转变为产业工人的时代背景紧密关联。进一步修正福利经济学的是英国经济学家马尔萨斯。马尔萨斯《人口原则》和《政治经济学原理》中提出的“马尔萨斯人口论”将贫困问题、供需失衡问题等放在人口学的论域中，贫困问题的成因被归结为个人问题，而人口增长则成为贫困问题的直接成因。他认为，《济贫法》及《济贫法（修正案）》的存在将导致贫困人口出现依赖心理，导致贫困人口过度繁殖，对国家资源造成影响。所以，马尔萨斯强调国家福利的过度供给强化了贫困问题，在生产资料的有效供给和持续需求的理论视野之下研究了贫困问题的解决路径，并将生活资料和人口保持均衡性作为化解社会贫困的作用机制。这一时期处于工业革命时期，市场经济的萌芽、工业社会的初建立、无节制社会救济的发展使得政府福利制度被质疑，但与此同时催生了产业工人这一阶级。然而，随着机器化大生产的普遍推行，与传统失地农民贫困问题不同的是，失业工人数量增多的变局使得福利经济学的理论体系和实践策略体系得到重新建构，这也是当代福利经济学的缘起。

英国同样是当代福利国家社会保障制度最早的践行国家。1942年由经济学家贝弗里奇爵士完成的《贝弗里奇报告：社会保险和相关服务》（以下简称《贝弗里奇报告》）开启了福利国家社会保障制度发展的新阶段。相比于英国此前的《济贫法》，《贝弗里奇报告》实际上建构了英国战后的社会保障制度，并对德国等国家在战后建构社会保障制度具有相当启示。从宏观上看，《贝弗里奇报告》建构了“从摇篮到坟墓”的全面性社会保障制度，而从微观上看，该报告从六部分入手，详尽构想了英国现代社会保障制度雏形，包括社会保障制度宏观规划、社保待遇标准及相应政策改革、福利国家社会保障制度改革的理由及依据、老年问题、社会保障预算制度、社会保障计划、子女补贴、医疗保障和就业保障等。该报告中涉及的内容已经突破了单纯意义上的福利制度，更是在宏观方面建立全面性社会保障体系的尝试。

对西方福利经济学缘起进行阐述后，应当进一步对福利经济学在社会保障制度建构中的作用进行阐述。在西方国家，“庇古税”成为以福利经济学逻辑进行社会治理的尝试。庇古税是福利经济学家庇古在环境污染外部性控制方面提出的经济工具，作用是协调政府部门和私人部门在社会治理方面实现帕累托最优的关系，其认为市场资源配置失灵是由于私人成本与社会成本的冲突导致的，私人追求利益最大化导致社会难以实现帕累托最优。

政府应当采取措施保障私人部门与社会利益的协调，进而实现帕累托最优[64]。

从福利经济学中保险制度的外部性延伸，我国的社会保障制度也遵循上述逻辑。时任总理温家宝2009年在全国新型农村社会养老保险试点工作会中提出，我国应当开展新型农村社会养老保险试点，依据经济发展阶段性和农民的各项需求，在农村地区开展养老保险制度。这是我国“新农保”的起源，也标志着在福利经济学的倡导之下，我国将全面建构“基础养老金＋个人账户”“个人缴费＋集体补助＋政府补贴”的农村养老保险制度。上述“新农保”结构实际上是“新农合”在养老保险制度上的延伸[65]。依据福利经济学中政府部门和私人部门利益的协调性，“个人缴费＋集体补助＋政府补贴”的支付来源中，“个人缴费”方面与“集体补助”均是私人部门出资，而政府补贴则是政府福利性开支。我国在福利经济学和供需理论的指导下，尝试以多种方式推进私人部门和政府部门支付水平的协调，包括但不限于设定缴费年限和设定个人平均缴费基数[66]。从缴费年限来看，缴费年限为15年和超过15年的个人在养老金的享受程度上存在较大差别；不同缴费基数的个人在基础养老金的享有上也存在较大差异。

综上，本研究在福利经济学的指导之下主要有以下突破：在研究黑龙江省社会养老服务支付能力中充分协调政府支付和私人部门支付的关系，结合福利经济学的外部性理论的作用机制和作用逻辑，吸取亚当·斯密等经济学家对于英国传统济贫机制的批判逻辑，明确庇古税等协调政府和社会收益的调节机制在实现政府与个人帕累托最优方面的作用，不片面追求以政府为支付主体的高社保替代率，而将谋求农村群众自身权益和政府收益均衡作为黑龙江省农村社会养老服务支付的目的，建立合理的多方协同性支付机制，协同提升黑龙江省农村社会养老服务支付水平。

2.2.2 收入分配理论

诠释收入分配理论问题应当从两条线索入手。传统的收入分配理论是西方经济学研究的核心议题，无论是亚当·斯密古典经济学，还是制度经济学，抑或是马克思主义政治经济学。收入与稀缺性资源紧密关联，有效分配稀缺性资源，则是经济学研究的核心要旨。收入分配理论的核心思想在于探究如何分配收入以保障国民生活、国际政权稳定。但是，不同学者和学派在收入分配的基础逻辑上立足点和理论的走向呈现明显差别。在传统经济学的视域下，可从以下几个流派加以诠释：其一，以张伯伦（E. H. Chamberlin）为代表的新古典经济学派。在该学派看来，收入分配仅仅是价格形成机制和一般市场运行的一个环节。张伯伦更是认为，完全竞争和完全垄断是自由市场的极端，一般状况是不完全竞争。其针对收入分配问题所进行的研究一般也与微观经济学的福利效应、竞争均衡条件等相关，通过计算国民收入分配的边际效益，寻求收入分配与国民经济发展均衡之间的平衡点。其二，新福利经济学。新福利经济学与旧福利经济学具有明显区分。旧福利经济学强调的是国民经济发展程度越高，收入分配得越为均等，社会的福利性程度越高。但是，该种思维路径实际上忽视了自由市场的作用，而将市场竞争与福利分配对立化，势必影响到有效竞争和经济发展，并最终将对国民经济发展产生影响。与此相对，新福利经济学认为，实现收入分配的公平化就能提升社会福利程度，而经济效益的提升仅仅是社会福利性提升的条件。针对新旧福利经济学的思想进行比较，可发觉新福利经济学具有明显的理论优越性。从本质上看，新旧福利经济学争论的核心在于收入分配的前提，以及经济发展和社会福利水平的关系。新古典经济学派将经济发展与国民收入平均分配作为先决条件，而新福利经济学将国民收入公平分配当做先决条件。同时，国民经济的增长在旧福利经济学中具有核心作用，是社会福利性提升的核心解释因素；而在新福利经济学中，这只是社会提升福利性的一个因素。综上，新福利经济学将收入分配问题的公平性放在首位，而旧福利经济学将经济普遍增长和收入均等化作为核心。从世界各国发展的实践来看，以推行福利国家社会保障制度的英国为例，在宏观上看，英国截至当前已经连续 8 年以上遭遇财政赤字，而在微观方面，依据谢菲尔德哈勒姆大学（Sheffield Hallam University）区域经济和社会研究中心（Center for Regional Economic and Social Research）的研究表明，英国从 2010 年开始推行的削减福利投入政策使得英国年度用于福利项目开支的金额减少 360 亿美元左右。但传统享受高社会福利待遇的英国国民在政府削减福利待遇的过程中则遭遇重创，导致国民生活水平被大幅度降低。英国的发展实际上揭示了福利经济学存在固有薄弱之处。旧福利经济学片面重视平均，但普惠性的社会福利影响国民经济的发展；新福利经济学注重公平，而进一步导致收入分配的不均衡化，并使得富裕阶层在收入分配上享有优越条件，且优越条件具有持续性，全社会的福利性无以为继。故而，无法充分协调公平和效率之间的问题是福利经济学的固有薄弱之处，也是福利社会国家当前面临的国家治理瓶颈。

在经济学范畴内对收入分配问题展开研究，并充分缓解新旧福利经济学思想掣肘性的学者是阿玛蒂亚·森（Amartya Sen）。他认为，分配问题不仅仅是客观上的物质分配，更强调了影响分配的基础因素和客观条件。批判了传统的为弱势群体提供单一物质资源的福利供给路径，认为单纯给予贫困人口物质并不能保障帮助他们，而最终将影响物质发挥作用的程度。国家以良性分配制度保障不同群体发挥动能的条件，为不同群体实现其价值创造条件，才是阿玛蒂亚·森承认的优越的制度。将阿玛蒂亚·森的思想与支付机制结合，又得出：其一，政府在福利性支付中履行一部分责任，体现国家发展的普惠性；其二，居民自身在支付中承担部分责任，并依据居民承担责任的不同制定具有差异化的分配层次；其三，国家在支付的过程中，对特殊群体予以特别照顾，撬动该群体在支付中的动能。结合阿玛蒂亚·森的观点来看，上述既体现了国家支付的公平性和平等性，也体现了个人支付的公平性，更体现了国家对特殊群体的关怀。这也是我国当前社会主义市场经济运行机制下的分配制度。

马克思主义系列思想是指导我国建构与市场经济相协同的社会保障制度的理论基础，也是我国建立“效率优先，兼顾公平”的收入分配机制的基础逻辑。我国基本摆脱了新古典经济学和新旧福利经济学的局限性，有限协调了效率和公平之间的关系。针对我国不同阶段的收入分配机制，可划分为以下阶段：第一阶段是改革开放初期所倡导的“按劳分配”。按劳分配实际上并非是对计划经济时期分配制度的颠覆和破除，计划经济时期依旧有与其发展阶段相对应的工分制等制度。所以演变为“大锅饭”的平均主义，主要是基于缺乏合理的计量工具衡量个人工作水平，并最终对分配的效率性和公平性产生消极影响。所以，在改革开放初期，我国针对收入分配体系进行重构，并分别在城市和农村地区建构了新型的收入计量机制。在城市地区，《中共中央关于经济体制改革的决定》（1984 年）将建立国企量化收入分配机制作为核心内容，效率优先、兼顾公平，保障国企收入分配合理性的基础之上，建立差极化的收入分配格局。在农村地区，《中共中央关于加快农业发展若干问题的决定》(1979 年) 成为指导农村地区重构收入分配机制的政策，将收入分配政策作为杠杆，以期撬动农村收入结构的活性，激活农村地区发展活力，而建立家庭联产承包责任制则是将上述政策倡导落到实处、全面优化收入分配结构的尝试。第二阶段是确立并不断完善社会主义收入分配结构的阶段。该阶段中，十四届三中全会通过《中共中央关于建立社会主义市场经济体制若干问题的决定》确认了"以按劳分配为主体、多种分配方式并存"收入分配机制，标志着与社会主义市场经济相适应的收入分配机制得以确立。现阶段我国社会基本矛盾发生转变，主体利益结构、社会贫富结构、收入分配结构等面临深度转变。无论是 2018 年 8 月 31 日第十三届全国人大常委会第五次会议表决通过的《关于修改个人所得税法的决定》，还是我国尝试出台房地产税等相关税种的规定，均是进一步尝试调节国民收入均衡性、保障效率和公平性的关键[67]。

我国的城乡社会保障制度作为国民收入分配的关键方面，具有特殊性。以社保为代表的国民收入再分配制度是有限福利性分配。之所以说是有限，主要原因在于我国经济发展的阶段性局限，这导致我国整体社会保障支付能力有限。随着政府支付能力的逐步提升以及社会保障制度顶层设计的不断健全，我国在 2009 年建构了与城市社会保障制度具有相似性的农村社会保障制度，并凸显政府支付的普惠性、农户自身支付的差别性以及向"五保户"等特殊群体的倾斜性，此后的"精准扶贫"政策更是上述发展理念的延伸。

2.2.3 制度变迁理论

制度变迁理论是兴起于 20 世纪 70 年代的重要理论流派。该理论将制度因素作为经济变迁的解释因素，认为制度、法律、程序和伦理等因素在个人和团体的竞争中发挥一定作用，并对竞争机制产生影响。制度变迁理论是新制度经济学的重要理论范式，其中包括制度变迁理论、交易费用理论、人力资本产权理论等。从新制度经济学的理论范式中理解制度变迁理论，可知该理论核心依旧直指交易成本研究，旨在探究制度变迁状况对主体间交易成本和交易机制的影响作用。从交易机制角度看，制度本身是一种具有稀缺性的公共产品。制度性的供给具有稀缺性，且制度本身是可变的。出于经济人假设和行为经济学的有限理性，人们在制定制度的过程中希冀发挥制度杠杆作用以谋求收益的最大化。当制度性供给与需求形成动态平衡时，制度一般是稳定的；而当制度性供给小于需求时，人们会推动制度的变迁，而谋求边际收益的最大化。出于制度的稀缺性，一般不存在制度性供给大于需求的状况，即便在福利国家社会保障制度和完全市场竞争的背景之下，制度性供给最多与需求保持平衡。以下将梳理制度变迁理论的演进脉络。

1993 年诺贝尔经济学奖得主，美国经济学家道格拉斯 C·诺斯 (Douglass C. North) 在量化研究中得出了制度因素对交易的影响，使得制度变迁理论成为新制度经济学的重要理论范畴。从外延上看，诺斯的制度变迁理论中的制度包括正式制约和非正式制约。正式制约包括法律法规等具有强制性的制度因素，而非正式制约则包括宗教、习俗等。上述因素是经济激励结构中的关键影响因素，而制度变迁，则是对上述因素的消解与创新。将制度因素作为外生变量，研究了在一般技术条件、劳动力因素和资本力量并未发生本质转变的环境之下，行业发展的动力机制转变问题。《西方世界的兴起》和《经济史中的结构与变迁》等著作是该理论在和制度变迁研究范畴中进行探索的代表作，并进一步建构了涵盖产权制度、国家意识形态等核心因素的制度变迁逻辑体系，强调了政府的主体性，在制度变迁的逻辑思路中具有明显的“大政府”倾向。

哈耶克（Friedrich August von Hayek）秉持演进主义的思考范式，与诺斯的思路呈现出迥异性。他认为制度具有自我演进的特征，即制度无法先行设计，而是随着主体经济行为模式的转变和交易的需求进行自然而然演变。哈耶克的思想内涵在于防止政府专断行为，秉持自由经济和自由竞争[68]。哈耶克的思想对于限制政府权力、保障自由竞争具有重要作用，并强调制度应符合人性和竞争需求，是具有明显“小政府”特征的思想。

在强调政府主体性和个人/市场主体性的思想分歧中，有从微观角度探究制度变迁驱动主体划分机制的思想流派。曼瑟尔·奥尔森（Mancur Lloyd Olson）的利益集团思想成为完善制度经济学的主要力量。其研究将制度经济学中的公共物品、集体决策、合同权利、私有财产等内容协同纳入到制度变迁和演进的逻辑范畴中，将国家泛化为“组织”，而不将政府与私人部门对立化。他的《集体行动的逻辑》（1965 年）针对“集体”这一模糊主体的性质和特征进行研究，指出了集团的组织理论和机制，并探讨了公共物品和大利益集团的关系。也从工会等组织入手，研究了利益集团凝聚力和有效性问题。该研究在宏观上具有马克思主义历史唯物主义阶层运动的特征，但在微观上依旧将集团利益驱动作为制度变迁的解释力量。《国家的兴和衰》（1982 年）中将行业协会等组织影响经济演进的进程进行研究，凸显了组织和集团的利益驱动对于制度变迁的影响。所以，该理论具有中观性质的思想逻辑成为在多元化、多利益主体协同的视角下研究制度变迁具有启示。

制度变迁的性质问题是新制度经济学研究的关键。诺斯强调了政府在制度变迁和交易中的强势地位，但并未对政府制度的性质加以研究；哈耶克具有自由市场和私人权利性质的研究成果肯定了制度自然驱动，最终达到制度最优，但该思想存在悖论，亦即具有丛林性质的自由市场无法形成最优制度，具有利益需求的主体驱动制度变迁，势必导致市场竞争中形成马太效应，进而形成具有分化性的制度，损害在制度演进和制度变迁中无决策自由和决策能力的主体的利益；奥尔森的利益集团说实际上具有高覆盖性，以及大利益集团的强力驱动导致制度倾向于割裂，而小利益集团的驱动使得制度趋近于公平，制度本身的性质由不同利益集团的博弈影响。

从制度变迁的运作逻辑上看，主要有两股力量推动变迁。第一行动集团和第二行动集团是制度变迁中的利益关涉主体。其中包含政府和私人部门，二者中的主要驱动力量为第一行动集团。亦即若是政府自上而下主导制度变迁，则政府是行动集团，例如我国的供给侧结构性改革；若私人部门对制度变迁具有主要推动作用，自下而上诱导制度进行变迁，则私人部门是第一行动集团，例如城镇化进程和国民经济的发展逐步成为消解城乡二元格局的力量。二者的作用遵循如下逻辑：对制度变迁具有需求的主体形成第一行动集团——第一行动集团提出制度变迁的构想和方案——针对方案的可行性进行评估——第二行动集团参与到制度变迁中，发挥协同推动制度变迁的主体性——双主体协同推动制度变迁的落地。我国农村新型养老保险制度本质上就是制度变迁的产物，而后续建构长效社会养老服务支付机制，则是社会化养老服务成为大势所趋背景之下的进一步制度演进方向。

在制度变迁的理论视域之下研究黑龙江省农村社会养老服务支付问题，本质上具有复杂的逻辑机制[69]。其中，政府财政性支付作为政策端的供给因素，代表着国家政府这一利益集团对供养农村老年人口、维系公民利益、推动农村居民共享改革开放成果的意愿；农户这一利益群体作为养老者和支付主体，希望自身老年生活有所保障；营利性社会养老服务供给主体将提供社会养老服务作为收入来源，在支付中不起作用，但依托国家各项保障措施和扶持政策夯实自身。综合来看，建立良性的农村社会养老服务支付机制具有必然性，而建立多方主体联动的黑龙江省农村社会养老服务支付机制，是在基础层面推动农村社会养老保险制度的策略。

制度变迁的最终逻辑既与制度实质上的优越与否有关，也与和制度相匹配的成本—收益情况具有高度相关性。以我国来看，若新农保和新农合在农村老年人口养老中的替代率过高，则具有明显的福利国家性质，与我国政府的支付能力不相匹配，将长期影响政府的稳定性；若其替代率过低，则影响农户在个人账户的缴费热情，影响社保基金征缴水平，导致城乡二元格局的消极影响进一步扩大。故而，为了稳定社会、服务民生，我国在2002年首次建立了以大病统筹为主的新型农村合作医疗制度[70]，并在2009年确定了新型农村合作医疗制度作为农村基本医疗保障制度的地位。同时，政府在2009年依据党的十七大和十七届三中全会精神，建立了“新型农村社会养老保险”制度，将“个人年缴费＋集体补助＋政府补贴”作为基础支付逻辑，建构了由基础养老金和个人账户组成的新农保制度。以上制度是结合农村地区人口老龄化现状、普惠性国民养老支付需求和国家阶段性发展成果所制定的制度。但是，作为保障国家稳定、财政收支平衡、中央政府和地方政府协调发展的保障因素，2009年建立之初的新农保制度整体待遇水平偏低，养老替代率较低，中央支付的基础养老金标准为每月每人55元，其余部分依据地方政府的支付能力制定，个人账户月计发标准为个人账户存储额度1/139，与当时的城镇职工基本养老保险个人账户计发系数相同。为保障新农保的支付水平，我国在该领域推行全面转移支付机制，作为中央支付机制和地方政府托底支付的来源。但是，新农保整体支付水平偏低，替代率有待提升。这是制度变迁过程中和当前发展阶段中保障国家、农户及其他主体共赢，推动新农保制度不断完善的起点，也是政府、农村人口等不同利益主体在博弈中谋求均衡的必然。

2.2.4 公共物品理论

公共物品理论是20世纪末，由林达尔等学者将边际效用理论与财政学等学科融合，最终将政府财政运行问题和市场经济相融合而形成的综合性公共管理理论。公共物品理论所研究的问题实际上依旧是供给和需求的均衡问题[71]。公共产品作为具有特殊性的产品，是财政和市场经济协同发展的产物。针对公共物品理论的缘起和演进历程进行阐述，林达尔在1919年最早提出了公共物品的理论范畴。他认为，公共物品也包含着价格和定价机制，但政治性和税收等因素对公共物品的定价并非起决定作用，而是调控作用[72]。社会中的个体拥有依据其接纳性选择公共物品并支付的权利，最终，公共物品依旧是在供给和需求的动态平衡中获得最终交易价格。当公共物品的价格、供给方和需求方实现均衡时，整体供给量和需求量不呈现相对过剩。通过对公共物品的定价机制、供需转化等进行阐述，可总结出两方面的内容：其一，公共物品作为社会产品，满足交易的一般性原则；其二，公共产品供给中同样遵循边际成本与分摊成本的比例核算方式，分摊成本的缩小实现了边际成本的扩大，最终增加了公共产品的有效供给，从反面强化其有效需求。

萨缪尔森《公共支出的纯粹理论》（1954年）和《公共支出理论的图式探讨》（1955年）进一步针对公共财政的支出范式和集体消费问题进行了阐释。界定了公共物品的概念，并阐释了公共物品消费对于优化公共性资源配置问题的作用。在概念界定中，萨缪尔森认为，公共产品是每个人消费该种物品不会导致其他人对该种物品消耗量的减少的产品类型。从其对公共物品概念的解释方式可知，公共物品是全体社会成员共享或受益的产品，具有不可分割性，无法被某个个体所独立占有；同时，公共物品的使用不排除他人的使用，在使用上具有非竞争性；最后，公共物品的供需实际上具有矛盾，亦即部分没有为公共物品付款的人实际上依旧是其享用者，基于公共物品的昂贵和使用者数量广的问题，其分摊成本的过程中难以使得社会每个主体均成为事实上的支付者。布坎南也针对公共物品的概念进行了界定，在广义上认为公共产品是由集体或社会所决定的，由集体或社会所提供的各类产品，均可纳入到公共物品的范畴中。该种概念界定方式将公共物品的供给或支付方式作为界定产品属性的依据，对于此后将农村社会养老服务依据其支付来源进行概念界定有显著作用。

蒂鲍特（C. M. Tiebout）此后进一步针对公共产品的支出和支付问题进行了诠释。公共物品虽然在主体上不具有隔离性，但其使用范畴往往具有局限性。该项理论对探讨黑龙江省农村社会养老服务的支付问题具有特别启示。从社会养老服务产品——特别是政府性的公共社会养老服务产品——上来看，公立社会养老服务提供者虽然是具有公共性质的，但基于社会养老服务产品和服务的区域局限性和固定性，其往往无法覆盖区域外的主体。在支付上也是如此。亦即社会养老服务的支付问题依旧是一定范畴和范围之内个人、政府以及其他私人部门应当负责的内容，其他区域难以形成有效的供给机制。即便是养老全国统筹导向下的转移支付，依旧不能实现对区域性社会养老服务产品支付缺口的全覆盖。这是探究社会养老服务产品供给性过程中应当顾及的首要问题。

从公共物品的供需平衡性与非平衡性问题来看，其对于单一主体的贡献十分巨大，但也需要耗费成本，私人部门往往不愿成为公共物品的提供者，进而导致对政府的财税造成巨大压力。但是，基于个人均是公共物品使用的主体，且发展公共物品也是对个人利益形成保障，所以，政府应当充分发挥其作为中介的缓冲性，成为公共物品的支付者之一、调度者、管理者，并充当各个支付主体之间的缓冲者。这就使得财政的作用具有广阔的外延，其既是公共物品支付中的物质承担者，也是一种调控市场经济中主体供需的工具。该种思路与凯恩斯的政府干预经济发展思想具有一脉相承性。但凯恩斯并非在公共财政的论域之下研究该问题。随着现代市场经济理论的发展，政府干预经济模式的逐渐完成，纳什博弈均衡思想的日渐成熟以及各项披露机制的同步发展，与公共物品理论相伴随的各项财政手段、税收工具、审记披露等也随之完善，并为提高公共产品与服务的配置性，降低信息不对称性，充分发挥政府财政的作用提供了依据[73]。

本书针对黑龙江省农村社会养老服务支付问题进行研究，实际上是将社会养老服务作为一种公共物品和服务，进而针对其支付机制进行研究。人口老龄化的背景下，养老问题日趋突破了家庭的范畴而具有社会性，这就使得社会性主体协同发挥公共养老服务提供者的作用[74]。因为养老保险的社会养老支付模式目前存在多方面问题，养老保险替代率低、城乡待遇水平差异巨大、农村社会养老服务基础设施总体供给动能不足等问题，均对于黑龙江省解决社会养老服务的支付问题造成一定困难。这使得省内亟待建立新型的农村社会养老支付机制，解决老龄化背景下社会养老产品供给需求矛盾，提高政府部门和私人部门在社会养老支付中的协同作用，全面提升养老产品和服务的供给性，解决老年群体这一社会弱势群体在该类公共物品需求上的矛盾，发挥对公共财政的补充作用。

2.3 本章小结

本章界定了农村社会养老服务的概念，划分了基本类别，诠释了概念的内涵，并对支付能力和社会养老支付能力等概念加以介绍，清晰界定了文章研究涉及概念的内涵与外延，为后文具体研究社会养老服务问题理清了概念。在理论基础部分，本章着重以福利经济学理论、收入分配理论、制度变迁理论和公共物品理论等为理论基础，从政府管理、公共福利等不同的理论视角之下阐释了社会养老服务问题的深层次内涵，诠释了研究农村社会养老服务问题的目的，明确了社会养老服务问题不仅是市场化问题，也是政府社会保障问题和公共服务问题。该种思维方式和理论依托是后文提出以协同支付、多方共济模式提升农村社会养老服务水平的依据，也充分说明了无论是社会养老保障制度建构本身，还是具有市场化特征的社会养老服务，本质上均是具有一定社会福利性质的公共-市场交叉的服务供给形式，这也是将农民自身、政府和社会性主体作为社会养老服务联合支付主体的依据所在[75]。

3 黑龙江省农村社会养老服务的现状及存在的问题

3.1 农村社会养老服务产业兴起

3.1.1 农村社会养老服务业发展概况

截至2018年年底，黑龙江省养老机构达到1971个，床位20.8万张，每千名老人拥有床位32张。建成城镇社区居家养老服务站点1662个，农村社区居家养老服务站点1137个，农村敬老院233个[76]。农村主要的社会养老服务形式为分散的互助式养老、集中居住的幸福院养老。根据2019年10月29日召开的黑龙江省居家家社区和农村养老服务工作推进电视电话会议的决定，到2022年，黑龙江省每个县至少建有一所特困农村老年人供养的专业服务机构，专门满足农村特困失能、残疾老年人的养老需求。补齐农村养老服务短板，并针对农村留守老年人建立专门的关爱服务工作机制和基本制度，形成关爱服务体系。

3.1.2 农村社会养老服务业发展内驱因素

（1）人口流失及社会转型。东北地区的产业结构转型以及人口流失使得黑龙江人口老龄化速度持续加快。2003年10月，中共中央、国务院发布《关于实施东北地区等老工业基地振兴战略的若干意见》，将此作为推进东北老工业基地战略转型的指导纲领。然而，黑龙江省作为东北传统工业发展程度较高的省份，以伊春市森工产业为主导的林业经济在“天保工程”后面临着衰退状况，以鸡西煤矿以及大庆油田为代表的能源基地在国家供给侧结构性改革强调“去产能”的背景下也面临着衰退。从客观上看，上述以森林资源和煤炭、石油能源为主导的资源型城市中的资源持续枯竭，影响了黑龙江省重点城市和支柱产业持续发展的效能。故而，国家的产业结构调整以及黑龙江省自身传统经济发展的式微，均使得黑龙江省面临着极大的人口外流压力[77]。在该种人口外流的趋势之下，老年人口比例的不断上升以及青壮年人口绝对数量和相对数量下降，有效养老资源不足，社会养老服务成为必然需求[78]。

（2）人口老龄化程度高。依据2010年所开展的全国第六次人口普查数据显示，黑龙江省60周岁以上的人口总量高达499万人，65周岁以上的老年人口总量为319万人，在黑龙江省整体人口中占比分别高达13.03%和8.32%。将黑龙江省老年人口的数量与我国的平均数据进行比对，其接近但低于我国的平均人口老龄化水平。截至2018年年底，黑龙江省60周岁以上的老年人口总量748万人，占全省总人口的19.8%。65周岁以上的老年人口总量高达485.3万人，在总人口中占比高达12.86%。然而我国同期中65周岁以上老年人口占比为12.39%，亦即黑龙江省65周岁以上老年人口比重与全国的平均数据相比较而言，高出 0.47%。这说明，从 2010 年全国第六次人口普查后到 2018 年年末之间，黑龙江省人口老龄化速度攀升，从略低于全国的平均水平逐步上升到高于全国均值。这是黑龙江省人口老龄化问题不断凸显的集中表现，也预示着此后省内将依旧面临着较大的人口压力。

表 3-1　黑龙江省老年人口与全国老年人口变化情况（2000—2018 年）

年份	黑龙江省			全国		
	人口总数/万人	65 周岁以上人口总数/万人	65 周岁以上占比/%	人口总数/万人	65 周岁以上人口总数/人	65 周岁以上占比/%
2000	3807.00	211.70	5.56	126743	8821	6.96
2001	3811.00	230.00	6.04	127627	9062	7.10
2002	3813.00	242.50	6.36	128453	9377	7.30
2003	3815.00	253.60	6.65	129227	9692	7.50
2004	3816.80	259.20	6.79	129988	9857	7.58
2005	3820.00	289.80	7.59	130756	10055	7.69
2006	3823.00	307.40	8.04	131448	10419	7.93
2007	3824.00	344.20	9.00	132129	10636	8.05
2008	3825.00	353.00	9.23	132802	10956	8.25
2009	3826.00	362.70	9.48	133450	11307	8.47
2010	3833.40	318.90	8.32	134091	11894	8.87
2011	3834.00	326.30	8.51	134735	12288	9.12
2012	3834.00	340.90	8.89	135404	12714	9.39
2013	3835.00	358.90	9.36	136072	13161	9.67
2014	3833.00	385.60	10.06	136782	13755	10.06
2015	3812.00	415.50	10.90	137462	14386	10.47
2016	3799.20	440.70	11.60	138271	15003	10.85
2017	3788.70	455.80	12.03	139008	15831	11.39
2018	3773.1	485.30	13.03	139538	16658	12.39

数据来源：根据《中国人口和就业统计年鉴》（2000—2018 年）和《中国人口统计年鉴》（2000—2018 年）整理。

结合全国数据以及黑龙江省在全国中的发展水平来看，依据智研咨询发布的《2017—2022 年中国人口老龄化市场研究及发展趋势研究报告》显示，辽宁省、山东省、江苏省等省份是我国人口老龄化压力较大的地区。依据上述报告对我国人口老龄化过程中 65 周岁以上老年人口数量进行的统计，辽宁省比例为 13.51%，山东省为 13.18%，江苏省为 12.77%，重庆市为 12.50%，安徽省为 12.00%。与上述省份相比较，黑龙江省虽然 65 周岁以上老年人口比例相对较低，但以上省份中除安徽省经济社会发展水平稍显薄弱且人口净流出程度较为严重之外，其余省份是我国东部经济较为发达的地区。黑龙江省经济社会持续发展潜力与动能和上述省份相比较而言缺乏优势，这更是大大加剧了省内在养老方面的压力。我国 2020 年展开全国第七次人口普查，在 10 年的发展进程之中，黑龙江省较大的人口外流压力以及产业结构调整对人口老龄化所造成的影响已经集中体现。从整体上而言，黑龙江省当前的社会养老压力较大。

3.2　农村社会养老服务政策体系

研究农村社会养老支付服务政策体系，应当兼顾以社会养老保险为基石的养老金政策和以社会养老服务供给为主体的政策。

3.2.1　农村居民基本养老保险制度

城乡居民基本养老保险是城市与农村居民的重要社会养老服务供给来源。2014 年颁行的《国务院关于建立统一的城乡居民基本养老保险制度的意见》以及黑龙江省人社厅、财政厅在 2017 年联合印发的《关于提高我省城乡居民基本养老保险基础养老金标准的通知》中规定，将提升城乡居民基本养老保险基础养老金标准。上述政策在 2018 年 1 月 1 日开始施行，将此前的 80 元/(人·月）提高到 90 元/(人·月)。对比来看，黑龙江省在 2017 年度中将城乡居民基本养老保险基础养老金标准从此前的 70 元/(人·月）提高到 80 元/(人·月)，连续两年持续对城乡养老的政策给予倾斜。黑龙江省当前财政收入增速持续放缓，各项社会支出持续加大，但这并未影响省内在养老服务及民生改革方面所进行的投入。依据 2017 年末的政策，黑龙江省在 2018 年后每年将持续扩充 8 亿元的财政支出，支出规模将覆盖 330 万城乡老年人口。

3.2.2　养老产业扶持制度

在养老产业发展的扶持政策上，2013 年颁行的《国务院关于加快发展养老服务业的若干意见》成为我国从政策方面提升对养老产业扶持性的代表。以上政策要求我国到 2020 年为止，全面建成以居家养老为基础、以社区养老为依托、以机构养老为主导的综合性城乡养老服务体系。不断拓展社会养老服务产品类型，完善社会养老产业的运行机制，促进养老产业的健康持续发展[79]。上述政策对于健全农村社会养老服务体系提出了较高要求，其要求建成包含日间照料中心、老年人活动中心等设施的综合养老社区，覆盖 90%以上的城镇和 60%以上的农村。养老机构所提供的服务类型务必包括但不限于生活照料、医疗护理、精神慰藉、紧急救援等，且要求社会性养老机构的床位占有率不低于 3.5%～4.0%。上述政策的要点也在于支持我国各类市场化力量兴办社会养老机构，鼓励个人举办家庭小型养老机构，鼓励社会化资本介入到养老服务业。以上政策成为我国奠定社会养老服务产业基础的重要政策，也成为加大农村地区社会养老服务政策供给力度的体现[80]。

黑龙江省政府在省内公立养老机构的建设方面予以了一定的政策倾斜。在国务院政策基础之上，省内在 2014 年颁行了《黑龙江省人民政府关于加快发展养老服务业的实施意见》以及《黑龙江省人民政府办公厅关于支持民办养老产业发展的意见》。以上政策是黑龙江省较早在社会养老服务业方面进行政策探索的体现。上述政策拟在 2020 年全面实现养老服务与养老康复、金融保险、旅游休闲以及家庭服务等方面的联动。同时，上述政策在农村社会养老服务体系的健全与完善方面，在延续国务院要求的基础之上，进一步要求对黑龙江省农村“五保”老人的集中供养比率不低于 70%，养老照护人员持证上岗率达到65%；到2020年，农村养老照护人员持证上岗率不低于80%。该政策也对于农村老年人群体探索多渠道社会养老方式进行了政策探索。提出了“以宅基地换养老”的模式，鼓励黑龙江省内农村地区兴建老年公寓以及托老所，以集中式居家养老作为主要的农村社会养老途径。动员具有成熟条件的农村村民，依托住宅建立居家养老互助机构，以邻里帮助方式提供社会养老服务，村集体对其予以相应补贴。并且，鼓励村民自治组织在农村社会养老中发挥一定作用，组成村民调解委员会等社会组织，提升黑龙江省农村老年人养老质量[81]。

3.2.3 养老服务业行政审批制度

在行政审批方面，黑龙江省政府依据《中华人民共和国老年人权益保障法》《中华人民共和国行政许可法》《养老机构设立许可办法》《养老机构管理办法》以及《国务院关于加快发展养老服务业的若干意见》等，于2014年6月18日颁行《黑龙江省养老机构设立许可实施细则》。上述细则是黑龙江省健全养老服务机构审批制度的体现。在“放管服”的不断推进下，黑龙江省各级政府将不断健全社会养老机构设立的行政审批制度，有效降低政府对于省内农村社会养老产业的干预力度，提升其市场自由度。

2018年9月颁行了《黑龙江省财政厅关于下达2018年民办养老机构建设及运营补助资金的通知》，针对黑龙江省各市县民办养老机构的建设及运营进行了一定的财政补贴。该政策的具体落实方式严格遵循颁行于2015年的《省财政厅、省民政厅关于印发黑龙江省资助民办非营利养老机构发展资金管理暂行办法的通知》中的规定，严格管理民办非营利社会养老服务机构的各项资金，并对资金的挪用行为予以严厉惩罚。作为保障性机制，预算、决算和政府审计等制度的辅助性作用不可忽视。特别对于黑龙江省农村地区，在我国审计全覆盖趋势之下，黑龙江省在上述资金的运用过程中，应不断提升对政府财政预算部门、决算部门以及审计部门的要求，建立联动性资金管理机制势在必行。

以上诸多政策在总体上讲呈现出三方面的发展趋势：第一，政府尝试以多种方式扩大农村社会养老服务供给性，包括但不限于政府的财政性补贴，且其尝试以政府撬动民间资本，突出农村养老服务产业的社会性[82]；第二，公立养老机构与民营社会养老机构双线并举的方式，成为省内发展农村社会养老服务业的重要方向；第三，支付主体的多样性以及农村社会养老服务业的联动性成为大势所趋，农村龙头企业、村集体、邻里等均被纳入到社会养老服务的体系中，逐步形成了涵盖多元主体的农村社会养老服务体系。

3.3 农村社会养老服务类型

3.3.1 生活照料服务

基于农村老年人需求的生活照料服务包括餐饮服务、洗护服务、看护服务、娱乐服务等。老年人餐饮服务与普通餐饮服务有较大差别，基于老年人健康状况，其餐饮服务首先满足的是简便易食用的需求，其次应当兼顾营养。同时，基于农村老年人群体传统的省吃俭用生活习惯，提供餐饮服务时应当符合老年人的价格敏感性特征，避免餐饮服务定价过高而缺乏市场。餐饮服务目前也是农村公立养老机构和民办养老机构所提供的主要服务类型，包含在机构养老的整体范畴中。洗护服务主要提供给缺乏独立自理生活能力的老年人，这是农村医养结合养老方式以及以养老院养老为主体的机构养老所提供的主体服务。看护服务主要是机构养老中对于老年人的日常护理，也包括医养结合和农村老年人医疗过程中所雇用的护工服务[83]。娱乐服务不赘述。

3.3.2 康复理疗服务

康复理疗服务一般是具有医养结合性质的农村社会性养老机构所提供的服务类型，针对手术或重大疾病恢复阶段的老年人，该服务类型具有医疗性质。康复服务的价格较普通的农村社会养老服务价格高，其专业性、精准性以及所包含的医疗性质使得该类服务成为特殊性的农村社会养老服务。在我国总体以及黑龙江省内新农保和新农合不断发展的趋势下，农村老年人的就诊率有了较大提升。2016 年国家卫生和计划生育委员会与财政部颁行的《关于印发全国新型农村合作医疗异地就医联网结报实施方案的通知》、国务院印发《关于整合城乡居民基本医疗保险制度的意见》以及同年由工业和信息化部等六部门联合印发《医药工业发展规划指南》，均将缓解农村医疗服务价格困境、健全农村医疗服务供给制度、降低农民医疗服务支付压力作为核心，以各类政策扶持农村居民提高就医水平。基于此，农村老年居民就医压力的降低使得其医疗服务需求有所上升，而基于老年人病种的康复理疗服务则成为伴随性的、具有刚性增长特征的农村社会养老服务需求构成部分。随着我国以及黑龙江省内老年居民对于就医认同程度不断提升，康复理疗服务将逐渐成为农村社会养老服务的关键构成环节，发挥延长农村老年人寿命、提升老年人生活质量的功能。

3.3.3 家政服务

家政服务主要针对于缺乏生活自理能力的老年人。在对农村老年人口所进行的调研中，可知基于传统观念和支付能力的限制，其家政服务的需求程度相对较低，但并不影响该类服务作为农村社会养老服务的重要构成部分的地位。以社会化方式提供家政服务在农村具有新型的发展特征，一般通过邻里低价有偿服务的方式进行，亦即老年人仅仅需要支付较低的金额，具有社会性互助特征。基于黑龙江省农村社会的亲缘性质，结合费孝通《乡土中国》中对于农村社会单位的阐述，可推知其家政服务始终基于熟人社会，呈现出一定的封闭性[84]。

3.3.4 医疗保健服务

医疗保健服务与康复理疗服务有一定差别。康复理疗服务主要指的是老年人在重大疾病之后所进行的康复，而医疗保健服务则主要指的是常规性的医疗服务和保健服务。乡镇医院以及黑龙江省各市区不同级别公立医院及非公立医院所提供的医疗服务，均是医疗保健服务的构成部分[85]。

3.3.5 紧急救援服务

紧急救援服务包含老年人因原发性疾病，如心脑血管疾病等，所采取的紧急救援，也包括对因老年人腿脚不便、视力不便而导致的各类紧急状况的救助。黑龙江省目前农村家庭空巢和独居现象使得居家养老成为重要的养老类型，这就使得紧急救援服务成为该类老年人独居家庭所必需的社会养老服务方式。

以上是黑龙江省农村社会养老保险服务的主要途径和构成部分。在大体上与城市社会养老服务的构成类别一致，这也是基于老年人口特征而存在的共性。但是，城乡老年人口在上述服务的具体需求方面、支付水平、服务提供模式以及服务运作机制上存在较大差距，这是将农村社会养老服务作为单独项目加以研究的主要原因。

3.4 农村社会养老服务运行机制

所谓的农村社会养老服务的运行机制，是指在农村社会养老服务活动中，影响活动进行的因素的结构、功能和因素间的相互关系，还包括影响因素发生作用的过程、作用原理和这些因素的运行方式。在农村社会养老服务中，影响活动进行的因素包括需求的发起者——农村老年人及家庭；服务的提供者（承担者）——个人或机构等；服务的结算，以及这些因素之间发生作用的过程和运行方式[86]。

3.4.1 农村社会养老服务需求的发起

(1) 发起的主体。农村社会养老服务需求的发起者是有社会养老服务需求的农村老人或家庭。随着农村家庭养老功能的弱化和养老方式的转型，越来越多的人选择社会养老服务来满足养老需求。随着黑龙江省农村社会养老服务产业的兴起，部分紧邻城市的郊区农村社会养老服务产业发展较好，能够提供种类多样的高品质农村社会养老服务。农村社会养老服务产业的发展为社会养老服务发展奠定基础。

(2) 发起的方式。随着网络通信技术的不断发展，农村社会养老服务的发起方式多种多样，微信平台、村集体和村委会主导的社区服务站信息处理系统以及农村老年人佩戴的联网的可穿戴设备是以智慧渠道获取订单的主要方式；与此并行的，则是由老年人自身或是由其家庭中其他成员人工发出的订单。对智慧平台和人工渠道订单进行首次处理后，分别归集为生活照料、家政服务、康复理疗、紧急救援和医疗保健。互联网平台对不同渠道采集的订单进行整合及分类，最终将订单分派提供社会养老服务的不同机构或者个人。

3.4.2 农村社会养老服务的提供

农村社会养老需求以订单的形式发送给提供服务的机构或个人。具体的服务承接主体有机构（即经营社会养老服务的企业或非营利组织）、医养结合的养老机构、村镇医院、市区医院以及护工和个人等。其中个人提供主体是能够提供近距离服务的农村村民，主要提供生活照料或家政服务，并收取一定费用，是农村互助养老的一种形式。也是农村熟人社会的社会资源背景下的特殊的方式。提供服务的机构包括企业和社会非营利组织。企业经营以营利为目的，兼顾企业的社会效应，为农村老年人提供质优价廉的社会养老服务产品，有效满足农村老年人的养老需求，提高农村老年人的养老生活品质。这些机构或企业承接农村社会养老服务订单，提供相应的上门服务或机构服务。

农村社会养老服务的提供是农村社会养老服务运行机制的核心环节，这直接决定社会养老服务满足农村社会养老需求的程度和水平。目前黑龙江省农村社会养老需求不断增长，需要有高水平的社会养老服务机构或者个人提供质优价廉的服务。由于支付能力的有限性和低水平化，企业选择农村市场作为目标市场的积极性不高，因为农村社会养老服务有一定的公益性，政府应该在政策上给予优惠和支持。农村养老问题是我国面临的人口老龄化的关键问题。农村居民的人口老龄化程度高于城镇居民的人口老龄化程度，且增长速度比较快。农村社会养老服务是满足农村老年人养老服务需求的主要形式，而且随着社会养老服务业的不断发展和农村养老方式的转型，农村社会养老服务产业将得到长足发展。农村社会养老服务可以在居家养老、机构养老、社区养老、家庭养老的养老方式中同时发挥作用，适用面比较广[87]。在妥善经营管理的前提下，能够有效满足农村老年人对社会养老服务的需求。

3.4.3 农村社会养老服务的结算

农村社会养老服务的结算是针对营利型的企业和个人而言。非营利机构和个人提供社会养老服务不需要结算和支付费用。营利型的企业或个人提供一定形式的农村社会养老服务后，要取得相应的报酬。农村社会养老服务的结算方式分为个人结算和机构结算两种类型。个人结算和机构结算的资金来源有农村老年人及家庭支出、央地财政支出、村集体支付和商业保险支付。

综上，在紧急救援服务、医疗保健服务以及康复理疗服务等需要专业性主体参与到农村社会养老服务中，主要由农村老年人和其家庭发起服务需求信号，乡镇医疗机构以及城市医疗机构等提供专业性服务；对于家政服务等相对在农村地区具有闭合性的社会养老服务运作体系中，一般由老年人或其家庭发起服务需求信号，由承担特定服务的主体提供服务。

无论是何种类型的社会养老服务，均具有一定的共性，将其基本流程进行概况，详见图3-1。

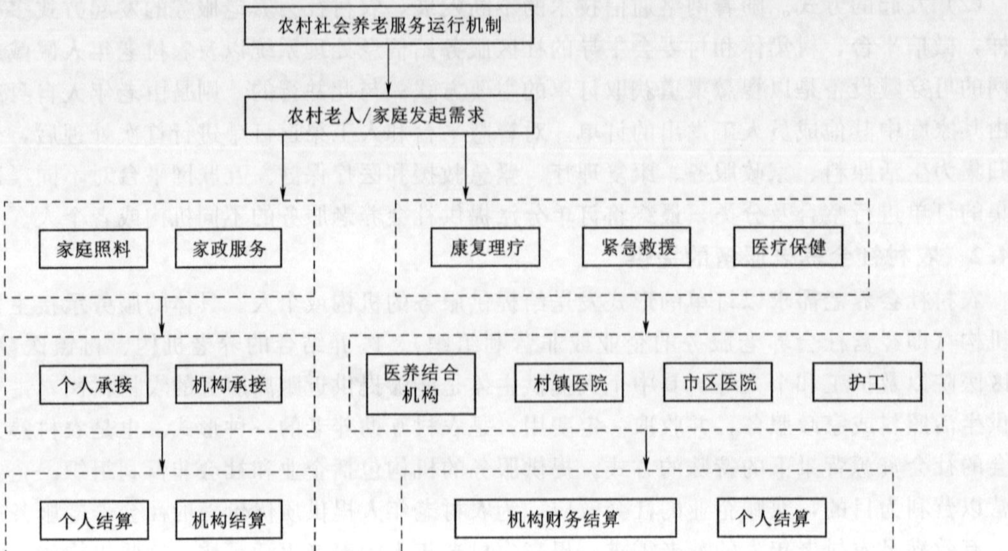

图3-1 社会养老运行机制图

由图3-1可知，农村老年人或者家庭发起社会养老服务需求。不同类别的社会养老服务不同的机构和个人主导提供。以生活照料服务和家政服务为代表的常规性生活服务，一般由个人承接或是由机构承接（在黑龙江省农村地区主要由邻里等具有劳动能力的个人承接，但不排除有村镇性小微企业承接的情况）；对于康复理疗、紧急救援以及医疗保健等具有特殊性和专业性的社会养老服务需求类别，一般由医养结合机构、村镇医院、市区医院以及护工承接。在结算方式上，一般以个人结算和机构财务结算为主。在结算资金来源上，一般包括农村老年人及家庭支出、央地财政支付、村集体支付等农村合作的组织支付以及商业保险支付四类。

上述运行机制是黑龙江省农村社会养老保险的主要运行机制，包含服务需求、服务提供（承接）、服务结算三方面。下一节将结合支付主体等进行进一步论述。

3.5 黑龙江省农村社会养老服务存在的问题

3.5.1 县域农村服务供给不足

相对全国范围城镇养老服务而言，农村养老床位缺口更大。与此同时，养老机构的空床率也很高。在城乡二元制结构下，我国农村养老服务供给水平低于城市养老服务水平，养老机构和设施严重缺乏。随着家庭规模的缩小和农村劳动力大量外流，家族代际供养功能逐渐消失。农村老年人对社会养老服务需求增强，主要表现为医疗服务和照护服务，而该类基础需求没有得到满足。目前我国社会养老服务中无论是城镇的相关服务，还是县域农村地区，均属于高消费行为。相对来讲，老年人的支付能力较低，形成了供需矛盾。城乡老年人收入有着明显的差别，农村老年人的支付能力更弱。社会养老应该是对那些需要社会力量帮助养老的老年群体进行“雪中送炭”，而现在却成了中高收入老年人的“锦上添花”。故而，当前我国农村社会养老服务利用处于较低水平。

3.5.2 服务对象的精准程度不高

无论是我国总体还是黑龙江省地区，在农村社会养老服务上均面临着服务对象不精准的问题。从服务对象筛选来看，应当遵循几项原则：或是依据服务对象的支付能力和支付意愿进行对象细分，或是依据服务对象的需求类型进行细分。农业兼业家庭的社会养老问题与子女常年进城务工的人员存在差别，其在支付能力上也有显著差距；有留守儿童家庭对于社会养老服务的需求类别和无留守儿童的家庭在该方面呈现出显著差距。同时，专业性的服务供给和综合性的服务供给也呈现出高度的差别。对于医疗服务具有高需求的农村群众类型和对于娱乐具有高需求程度的群体在服务的购买和服务购买意愿上也有明显的差距。针对以上差距，黑龙江省当前的服务细分程度不足，导致综合性的社会养老服务过多而满足单一类别需求的专业性服务供给不足，影响了精准服务老年群体的程度。

3.5.3 服务供给的内驱动力不足

黑龙江省农村社会养老服务缺乏有效的内驱动力。基于公立养老服务在收费上较为低廉的状况，服务的提供者在市场化的环境中缺乏竞争的进取心态，且基于公立养老机构服务人员在薪酬上缺乏竞争力的现状，其缺乏有效动力提供良好的社会养老服务，影响了上述服务提供者的积极进取意愿[88]。而对于非功利的社会养老服务机构来讲，两方面的问题影响了其在农村社会养老服务的供给水平。一方面在于农村社会定向养老服务的体系尚未建立，基于农村地区老年群众需求类别的分散性和多样性，难以建构私人部门得以承担的社会养老服务机制；另一方面，农村地区的社会养老服务购买观念依旧缺乏，私人设立非公立养老院往往从国家和黑龙江省相应政策处汲取资源，而外在盈利潜力十分有限。以上因素使得黑龙江省农村社会养老服务供给过程中无论是公立养老部门，还是私立养老机构，均面临着社会养老服务水平不足以及驱动能力较差的问题。

3.5.4 有效支付能力和意愿不高

黑龙江省农村地区的社会养老在支付能力上存在问题。该方面问题也是此后章节中将着力研究的重点问题。虽然黑龙江省农村兼业经营的农户群体以及人口流出群体规模十分庞大，但绝对的社会养老服务支付能力和相对的支付意愿发展难以同步。从支付能力上看，新农保的养老替代率、农村合作医疗的支付水平、外出务工子女的绝对收入水平、农村老年人的绝对支付的能力等始终难以获得较大突破；而基于农村地区老年人在传统养老思维和养老观念上的限制，结合老年人口在勤俭持家等方面的传统，黑龙江省老年人口在有效支付意愿上也难以达到相对高水平，这均对于社会养老服务体系的结构以及支付能力的挖掘造成一定影响。故而，无论从主观方面还是客观方面，当前的整体社会养老体系、支付能力和支付意愿、服务细分机制等还有待提升。

3.6 本章小节

本章针对黑龙江省农村社会养老服务及支付能力现状进行研究。首先是黑龙江省农村社会养老服务产业的兴起。兴起的原因有社会转型影响、人口老龄化及人口流出等。介绍农村社会养老服务政策体系，从城乡居民基本养老保险制度、养老产业扶持制度、养老服务业行政审批制度等入手，对整体支付机制进行阐释与介绍。此后，从生活照料服务、康复理疗服务、家政服务、医疗保健服务以及紧急救援服务入手进行研究，介绍农村社会农村养老服务途径。同时，阐述了农村社会养老服务运作机制，并从县域农村服务供给性不足、服务对象的精准程度不高、服务供给的内驱动力不足以及有效支付能力和意愿不高等方面入手，归纳了农村社会养老服务中存在的问题。

4 黑龙江省农村社会养老服务支付能力现状

4.1 农村社会养老服务支付主体

对农村社会养老保险支付主体进行细分，可以运用两种划分方式：第一，将宏观的支付主体作为社会养老服务支付主体的划分方式，依据中央财政、黑龙江省财政、农村家庭及个人的综合划分方式[89]。该种方式可以有效衡量黑龙江省农村社会养老服务支付过程中从中央到农村地方的整体支付比例，理清支付格局，在宏观上深入探究建立联动式农村社会养老服务支付体系的过程中，深挖各类支付主体的决策机制。第二，以微观支付主体作为农村社会养老服务支付主体的划分依据，将农村老年人、农村村集体及其他乡镇合作组织等社会养老机构、老年人子女及其他亲属等，作为微观的支付主体加以诠释。

上述两种支付主体划分方式均具有合理性。从宏观上划分支付主体有助于权衡央地财政在黑龙江省农村社会养老支付中比例状况，衡量政府、社会和居民在支付中的总体情况、变动趋势、发展方向以及应对策略等。从微观上诠释的方式有助于纵深、精准研究黑龙江省农村老年人个人、老年人家庭、农村自治组织等直接支付个体在支付过程中的作用，归纳微观个体对于省内持续发展农村社会养老服务产业的意见和建议，为全省乃至全国制定农村社会养老服务支付体系的优化政策提供依据。以下将从上述两条脉络入手，针对黑龙江省农村社会养老服务支付主体的情况进行诠释。

4.1.1 政府、家庭及个人

政府作为黑龙江省农村社会养老服务支付的重要主体之一，以两种方式进行农村社会养老服务支付。双线并举的方式将政府的财政补贴以及社会公益性补贴相结合，将社会养老定性为政府责任和社会公益性质服务[90]。

(1) 用于社会养老保险支付的财政资金。《国务院关于建立统一的城乡居民基本养老保险制度的意见》以及黑龙江省出台于 2018 年 9 月的《黑龙江省关于建立城乡居民基本养老保险待遇确定和基础养老金正常调整机制的实施意见》中将基础养老金、个人账户养老金、增加老年居民基础养老金以及补发缴费年限养老金等几部分作为城乡一体化进程之下夯实黑龙江省农村社会养老服务的措施。

在基础养老金方面，黑龙江省提高省内农村居民养老保险基础养老金的最低标准，在享受均衡性转移支付的区域，由省和乡镇政府各自承担 50%；不享受转移支付的县域乡镇，伊春市下辖县域乡镇地区以及森工企业、农垦系统内部，黑龙江省将结合省级标准，责成县域乡镇自行承担。

在个人账户养老金方面，黑龙江省政府依据农村居民账户养老金月计发放标准制定个人储蓄账户计发系数，以个人账户养老金与基础养老金形成补充。

在老年居民基础养老金和农村居民年限养老金方面，黑龙江省从 2019 年 1 月 1 日开始，对 65 周岁及以上的农村参保老年居民增加基础养老金，65～79 周岁每人每月增加 5 元，80 周岁以上每人每月增加 10 元，农村居民方面的资金由县域乡镇政府承担。而在年限养老金方面，黑龙江省在 2019 年 1 月 1 日之后，自参加新农保、城乡居民基本养老保险起连续缴费满 15 年后，再逐年续保的，在享受农村居民基本养老保险待遇时，每多一年缴纳，则每人每月增加基础养老金 2 元，县域乡镇政府承担农村居民该部分增发额。

以上是黑龙江省各级政府在农村社会养老服务支付过程中以养老保险方式投入支付的主要体现，也是凸显政府主体性的重要方式。

(2) 政府公益性投入的资金支付方式。《黑龙江省财政厅关于下达 2018 年民办养老机构建设及运营补助资金的通知》中将黑龙江省农村社会养老服务支付中政府财政支付的内容计入 2018 年政府收支分类科目“2296002——用于社会福利的彩票公益金支出”中，这实际上将社会性养老机构的政府拨付资金归纳入社会公益性支出的范畴内。在各种支付方式中，政府主要以三种方式支付省内农村地区的社会养老服务：

第一种方式是以民办非营利养老机构建设及运用补贴资金的形式进行支付。黑龙江省财政制定了相关的支付标准和支付依据，对于按照省内统一标准的农村社会养老服务机构，对总体床位规模 30 张以下的机构，每张床位予以一次性补贴共计 2000 元；依据农村老年人的实际床位占用状况，每张床位每月补贴 100 元用于运营工作，黑龙江省以及农村县乡镇各承担 50%。

第二种方式是公办养老机构消防改造补贴资金。主要运用于公办养老机构的消防设施维护以及其他消防设施更新等重大项目的支出，具体支出的给付额度和给付方式依据公立养老机构的具体状况而定。

第三种方式是个人及家庭性主体的支付。首先对该支付方式加以界定。对于农村中个人和家庭将社会养老保险作为主要支付途径和方法，或是由社会性非营利养老机构义务提供。所以，该种支付方式实际上覆盖独立主体为：农村中无各类农村居民社会养老保险及低保的居民、个人承担营利性社会养老机构全额费用的主体、子女作为支付主体支付农村老年人社会养老费用等，均是该种支付主体界定方式中所涵盖的个人。以上主体具有一定的特征：第一，以非财政性和补贴性的费用作为费用来源；第二，个人承担全额费用；第三，以市场化方式进行费用承担。该种支付方式受农村老年人口非社保性收入来源、农村家庭支付能力、农村居民商业保险给付水平等影响大，是社会性的养老服务支付方式，而非政府性的支付行为。

综上，以上宏观层面上的黑龙江省农村社会养老服务支付主体划分中以政府支付水平为划分依据，强调了政府与农村居民个体和家庭在社会养老服务支付中的责任和义务。以下将探讨微观的支付主体划分状况。

4.1.2 家庭及农村自治组织

社会养老服务主要分为公益性和非公益性两类。公益性的社会养老服务包括以医保结算的老年居民医疗费用报销部分、公益性社会养老机构所提供的服务等；非公益性的社会养老服务包括个人居家养老的全额承担部分、私人性社会养老部门为个人提供的须购买的各类盈利性服务等。以下仅以家庭养老、居家养老、医养结合和机构养老四类养老方式为例，探究基于家庭及农村自治组织的支付主体概况。

（1）家庭养老的支付主体。家庭养老主要强调老年人与家庭之间的血缘关系以及连带的供养义务。基于家庭养老较轻的支付负担，一般子女向老年人提供饮食、娱乐、照料以及基本的医疗救护行为等。但是，家庭赡养并非与社会毫无关联，其在一定程度上不具有闭合性。老年人所需的常规性医疗服务、紧急救护、以服务购买形式获得的娱乐等，均由社会性主体承担服务供给的职能，而子女主要提供资金基础[91]。该种模式下，其支付主体主要是子女。一般农村老年人基于支付问题而选择家庭养老，且农村传统而深远的“养儿防老”观念使得家庭养老依然存在。但是，农村老年人对于消费性有偿娱乐行为的需求程度整体偏低，家庭养老中的主要消费环节在于医疗消费，这是该种社会养老（或社会主体的协同性养老）模式之下的主要特征，其支付主体主要为老年人子女[92]。

（2）居家养老的支付主体。居家养老与家庭养老不同。黑龙江省土地流转与农业承包经营水平的持续提升、青壮年人口奔赴大城市工作、农业兼营成为普遍趋势的环境之下，居家养老成为具有浓厚乡土观念的农村老年人当前重要的养老类型。居家养老与家庭养老存在根本的差别。虽然其居住的环境均为“家”，但居家养老的主体是城乡居民中无劳动能力、无生活来源且无人赡养的老年人口。城市化水平的不断提升扩充了可能成为该部分老年人的群体，传统的“五保户”等均为该群体的构成部分。随着该类老年人面临的年龄逐步提升以及劳动能力的日趋丧失，专业性的农村社会养老服务成为居家养老的重要需求，包括餐饮服务、医疗与紧急救护服务、娱乐服务等。农村“空巢问题”的持续加重，居家养老老年人与留守儿童问题的不断加大，使得该类养老类型亟待与社会性主体关联[93]。在支付来源上，除去政府对上述老年人的财政性补贴，村集体、子女的日常性供养资金以及农村社区的各类公益性资金均为该部分老年人购买社会养老服务的主要资金。故而，以上主体是该类社会养老方式的主要支付主体[94]。

（3）医养结合的支付主体。医养结合模式是与老年人特殊身体状况紧密相关的社会养老模式。无论是乡镇医疗机构，还是城市中不同级别的公立医院和私立医疗机构，向老年人提供各类医疗服务的基础之上进行协同供养，成为该种社会养老模式逐步提升接纳程度、扩大覆盖范围的重要原因。黑龙江省当前建成了诸多具有代表性的医养结合定点单位，哈尔滨市道里区通江社区卫生服务中心、漠河北极村张仲景养生院、黑龙江海员总医院爱心护养院、黑龙江省大兴安岭地区漠河养老养生院、漠河医养中心、齐齐哈尔市百草养生院、齐齐哈尔市建华区颐和康宁护老中心等，均为医养结合的机构。以在黑龙江省具有“医养结合”模范试点性质的漠河养老养生院为例，其当前已申报《“南病北治、北药南用”健康旅居养老示范基地项目》项目。该由漠河县人民政府投资 1500 万元建成的漠河养老养生院总体占地面积 9962m^2，当前共有床位 117 张，服务人员近 20 名。其主要为旅居式老年人提供医养结合的社会养老服务，短居老年人单间房屋单月费用共计 120 元，老年人自身承担 60 元。对于有子女的农村旅居养老人，子女一般为支付主体；对于无子女的老年人，一般由农村旅居老年人自身支付。

（4）机构养老的支付主体。《国务院关于加快发展养老服务业的若干意见》以及《黑龙江省人民政府关于加快发展养老服务业的实施意见》等政策均将加快民办性、盈利性养老机构作为缓解黑龙江省社会养老压力的途径，并制定和扶持养老产业相关信贷与投资，旨在建立公平、公正、透明、开放的社会化养老服务市场，并尝试将公立的社会养老机构转型成为市场化的、具有企业性质的民办养老机构。农村养老院虽然与医养结合的社会养老模式存在一定的共性，但农村老年人传统养老观念尚未转变，对于纯机构养老的养老院养老方式存在较大的抵触心理。该种养老的支付方式依旧是由老年人自身承担，或是由老年人子女承担。

除上述主流以现金支付方式进行直接支付的农村社会养老类型外，还有多种存在间接支付主体的社会养老支付模式。农户以宅基地进行抵押获得现金补偿用于养老支付的方式，俗称“以地养老”。农户购买具有养老年金限值的商业保险，运用商业保险收益给付的分红等进行社会养老支付的方式，也成为黑龙江省农村社会养老服务的支付类型。上述支付中的主体为宅基地以及商业保险公司。随着黑龙江省农村社会养老服务支付机制的不断健全，其支付主体将进一步扩充，这是省内农村社会养老保险不断发展的体现。

4.2 农村社会养老服务支付方式

在支付主体的研究中已经明确，黑龙江省农村社会养老服务的支付主体为：政府、老年人自身及子女、村集体等社会性组织。具体而言，支付方式可以包括基于主体的支付方式和基于结算顺序的支付方式，也可以进一步细分为基于媒介和平台的支付方式。基于主体的支付方式主要是包括政府支付、老年人及家庭支付以及村集体的社会性主体支付；基于结算顺序的支付方式主要包括事前支付和事后支付，以养老金为主的支付方式主要通过事前支付，而以医保报销为主的支付机制主要是事后支付；基于平台和载体的支付主要包括现金支付、支票和汇票支付、银行转账、第三方支付等。

4.2.1 基于主体的支付方式

清华大学《中国老龄社会与养老保障发展报告（2013）》中在传统统计口径之下，针对我国老龄化社会的阶段进行的划分。其将 2000 年作为节点，标志着我国进入老龄化社会；2025 年我国全面进入深度老龄化社会；2035 年则进入超级老龄化社会。以上老龄化社会的阶段划分将影响到社会养老服务的支付方式，并对政府、家庭等支付主体的支付结构产生较大转变。支付方式的转变往往依据家庭养老和社会养老替代率与贡献率的转变（穆怀中，2012）[95]。所以，衡量支付方式一般依据一定的阶段进行划分。

2012—2020 年是我国在社会养老支付划分中的第一阶段。该阶段，虽然我国健全了社会养老供给制度，但各项农村社会养老制度以及社保投放制度正在转轨进程中，社保养老替代率相对较低。具体到黑龙江省，省内在 2016 年开始推进养老保险制度的改革，尝试形成责任共担、共筹共济的养老保险筹资与分配机制，并在同年革新了农村养老金的计发办法。同时，国务院在 2016 年颁行的《关于整合城乡居民基本医疗保险制度的意见》也逐步尝试调整农村医保制度。然而，依据人力资源和社会保障部统计，我国在 2015 年的养老金亏空额度已经高达 3000 亿元，而黑龙江省 2016 年养老保险累计结余已经为 −232 亿元。这一阶段中，黑龙江省一来处在制度的变革过程中，而社保的亏空与恢复、国家转移支付机制的启动与确立需要一定的时间周期。所以，该阶段依旧是以家庭支付为主，社保支付为辅。

2020—2022 年一般是社会养老和家庭养老支出达到平衡的时间段。黑龙江省农村社会保障制度的良性过渡、各项农村医疗制度完善、城乡并轨的实现、国家转移支付机制的健全等，使得以子女为主的家庭支付额度与社会支付额度相近，进而呈现为二者平衡。当社会养老的替代率逐渐提升时，社会化的居家养老、医养结合、机构养老等为主体的养老方式才真正不是假命题。否则，没有支付机制作为基础，探讨社会养老运行模式、智能养老社区发展机制等，始终难以和老年人养老的真实环境与实际需求相契合。

2023—2050 年一般被认为是我国深度老龄化社会的转变阶段，此后则进入深度老龄化社会，且具有成熟的社会养老机制与之配套。该阶段中，社会养老成为主要的农村养老方式，亦即意味着社会途径的支付机制成型，养老保险的替代率不断上升，最终实现社会养老与家庭养老之间的动态平衡，最大程度发挥社会养老的效能，降低子女等家庭养老的压力。

以上支付方式实际上是农村老年人群体的组合支付模式。家庭养老替代率的下降，是决定黑龙江省农村社会养老支付方式的关键因素，也是衡量我国社会化养老水平的核心因素。

4.2.2 基于结算顺序的支付方式

基于结算的顺序分为先行结算和后续支付。以央地财政支付为例，通过养老保险资金划拨、社会公益的资金划拨等方式进行提前结算，以及现行将资金拨付到医院以及养老机构的单位账户上，而个人支付一般采取事后支付的方式。其中也存在兼顾事前支付和事后支付的支付类型，亦即商保支付。以商保中的大病医疗保险为例，如老年人在保险承保期内身患重病，则保险公司或是通过事前一次性支付的方式履行合同（如中国平安-平安福健康保障计划），或是通过事后医疗费用报销方式进行结算。但不同类别的商保内部也存在差别，商业医保和养老年金的支付方式依旧有所不同。随着黑龙江省农村老年人口生活水平以及支付水平的不断提升，且 2018 年全国两会中所强调的将基本医保和商业保险结合起来，运用“大数法则”，放大资金效应，使更多的人享受大病医保的导向，在城乡推行“社保＋商保”的养老支付机制成为大势所趋。因此，明确农村社会养老保险支付的概念，并研究其服务供给与结算方式的特征，结合不同时间段内家庭和社会在黑龙江省农村养老中发挥作用的程度，最终才能制定最优的支付模式，实现农村老年人口、家庭与社会的共赢。

4.3 农村社会养老服务支付水平

4.3.1 支付水平衡量方式

诠释农村社会养老服务的支付水平应当从不同的阶段加以衡量。同时，衡量其支付水平也应当在比较的过程中进行相对衡量，而非绝对衡量。在间接衡量方面，主要通过三种方式进行多角度立体化描述。

（1）通过对黑龙江省调研地区的实际支付水平与我国平均数据进行比对，归纳黑龙江省农村社会养老服务整体支付状况。该种描述方式不仅仅可以权衡出黑龙江省当前和预期社会养老服务支付水平以及家庭养老服务的支付能力，也可以通过与全国数据进行比对，衡量省内农村社会养老支付潜能的高低。

(2) 通过对黑龙江省农村地区家庭养老服务以及社会养老服务的整体支付额度、在子女总收入及家庭总收入中的占比状况等的调查，并协同衡量养老金的替代支付等问题，探明黑龙江省在一定时间段之内家庭养老支付和社会养老支付之间的比例浮动关系，进而通过纵向比较推究其绝对发展趋势。

(3) 从绝对社会养老服务支付方面进行统计，通过对农村老年人口的机构养老、医疗等实际支付金额进行统计，计算家庭承担的部分。通过将总额与家庭成员部分作差，计算央地财政、村集体补贴以及公益性补贴在其中占有的份额。

我国有学者探讨了人口老龄化背景之下，农村家庭子女养老向社会养老传递的路径以及转变的过程。这实际上以定量方式，研究了我国不同阶段社会养老服务支付方式的差异。基于黑龙江省计划经济发展的影响，作为独生子女化水平较高的省份，在农村养老支付方式的阶段性划分中具有代表性。探究黑龙江省农村社会养老服务问题的本质在于以社会化的养老供给机制有效对冲独生子女所造成的养老资源不足问题。在黑龙江省农村地区，独生子女化问题依旧是严峻的社会问题。该问题与黑龙江省农村人口的兼业经营和绝对人口流失相互关联，直接加剧了省内农村养老负担。故而，在子女养老给付能力有限，且人口老龄化水平持续攀升的条件之下，农村子女对于农村老年人口的抚养支付水平在不断降低。即便单位农村养老的子女在刚性收入上具有上升趋势，但农村子女总量、农村子女收入余额、养老应付总额刚性提升的环境之下，养老支付问题依旧十分严峻。

4.3.2 全国支付水平预测

依据国家自然科学基金项目《基础养老保险缴费率一元化及缴费适度水平研究》以及国家社会科学基金重大招标项目《城乡社会保障体系协调发展研究》的计量和预测结果，其针对我国从2012—2050年的家庭养老水平进行了预测，详见表4-1。

表4-1 家庭养老水平统计及预测表（2012—2050年）

年份	农村劳动收入/(元/年)	农村人均收入/(元/年)	家庭养老支出比率/%	子女养老支出/(元/月)	家庭养老替代率/%
2012	9432.60	6977.29	28.87	167.87	22.03
2015	11913.24	9492.53	24.10	190.63	19.20
2020	18061.42	13947.64	20.80	241.71	16.06
2025	24152.83	18665.09	16.87	262.37	13.04
2030	33699.75	24978.10	12.70	264.35	9.41
2035	43730.67	30389.68	10.61	268.76	7.37
2040	55813.83	36973.69	10.10	311.10	6.69
2045	68205.98	44984.14	9.69	363.34	6.39
2050	83518.44	54730.09	8.09	368.83	5.30

数据来源：国家社科基金重大项目《完善农村社会养老保险体系和提高社会保障水平研究》以及《城乡社会保障体系协调发展研究》、国家自然科学基金项目《基础养老保险缴费率一元化及缴费适度水平研究》。

由表4-1可知，从2012年开始到2050年，参照我国GDP的增长速率、农村经济社会发展水平的增长趋势以及农业人口收入的增幅，可知我国农村劳动收入从2012年的9432.60元增长至2050年的83518.44元，增长幅度或高达785.42%。与此相比较，农村人口的人均年收入预计将从 2012 年的 6977.29 元上升至 2050 年的 54730.09 元。但与我国农村收入及农村人均收入增长相比较，预计家庭养老支出占比将持续下降，从 2012 年的 28.87%逐步下降到 2050 年的 8.09%，下降幅度高达 20.78%。从绝对数值上看，2012 年家庭养老支付应付总额为 2723.19 元，2050 年的应付额度为 6756.64 元。虽然整体应付额度提升了 4033.45 元，提升比率为 148.11%，但同期农村劳动收入的薪酬提升水平高达 785.42%，农村人口绝对收入的提升幅度也高达 684.40%，亦即养老支出的正常比率较农村人口正常薪酬与整体收入提升比例的变动相比而言，增长幅度较小，在接受范围内。与此同时，家庭养老替代率将在 2012—2050 年呈现持续下降的趋势，从 2012 年的 22.03%强势下降到 2050 年的 5.30%。

基于社会养老支付成为我国在 2023 年后的主要农村养老支付方式，针对社会养老及家庭养老支付的各项替代率变动状况进行预测，结果详见表 4-2。

表 4-2　社会养老及家庭养老支付替代率统计及预测表（2012—2050 年）

年份	农村劳动收入/(元/年)	基础养老金替代率/%	个人账户替代率/%	社会养老保险替代率/%	农村社会养老金替代下限/%	农村社会养老金替代上限/%
2012	9432.60	7.77	3.00	10.77	24	50
2015	11913.24	8.41	3.67	12.08	22	50
2020	18061.42	9.35	5.12	14.47	18	50
2025	24152.83	10.76	7.16	17.92	15	50
2030	33699.75	11.86	10.00	21.86	12	50
2035	43730.67	13.81	12.57	26.38	10	50
2040	55813.83	16.34	15.81	32.15	10	50
2045	68205.98	20.20	19.88	40.08	10	50
2050	83518.44	24.92	25.00	49.92	10	50

数据来源：同表 4-1。

由表 4-2 可知，基础养老金的替代率在 2012—2050 年呈现不断上升的趋势。依据现有数据统计，2012 年的基础养老金替代率仅为 7.77%，而结合我国农村社会保障制度以及农村人口平均收入水平变动的测算来看，2050 年的基础养老金替代率有望达到 24.92%。从个人账户替代率看，将从 2012 年的 3.00%逐步上升到 2050 年的 25.00%，这也标志着我国农村个人账户养老金的替代率发展到一定稳定的阶段。从社会养老保险替代率变动趋势看，变动程度预计最为明显，将从 2012 年的 10.77%上升到 2050 年的 49.92%。同时，该方面的数据变动梯度逐渐增大，亦即其从 2012—2015 年的变动幅度为 1.31%，而 2045—2050 年间的变动幅度则可达到 9.84%。

我国农村社会养老支付浮动区间的计算是研究支付问题的关键一环。依据对现有数据的统计和对预期数据的测算，可知社会养老金的替代水平将维持在 10%～50%。其中应注意，社会养老金替代下限的变动应当以不影响经济社会协调发展的潜力为依据，亦即不应当使沉重的社会养老压力影响到我国经济社会持续发展的水平；而社会养老金的替代上限则意味着我国尽最大程度保障农村老年人口生活水平的可能性。

4.4 黑龙江省农村社会养老服务支付能力评价

针对黑龙江省农村社会养老支付能力进行评价，可具体结合上文划分为生活照料、康复理疗、家政服务、医疗保健等不同方面的支付进行诠释。在进行调研的过程中，选取黑龙江省500户进行跟踪调研，调研时间从2015年1月—2017年12月，针对黑龙江省哈尔滨市、牡丹江市、齐齐哈尔市、佳木斯市以及七台河市等6个中心城市的乡镇展开了PPS调研，样本覆盖50个村镇。在调研渠道方面，采用实地走访和网络调研的方式。

在实地调研的过程中，通过走访上述地区的村委会、农民专业合作社以及村支部，调研当地农民的基本状况。调研方式主要分为结构式的问卷调研和非结构式的走访访谈。具体的调研方式将在第6章实证部分进行详尽阐述。在正式调查研究的过程中，笔者共走访了50个村镇的365户农户，最终收集了338组可用数据。在调研的过程中，有19户的信息在不同年度存在缺漏现象，在统计的过程中，结合具体的3年间的支付状况进行测算，并进而明确其支付水平。

4.4.1 生活照料支付能力评价

生活照料服务中，主要分为餐饮服务、日常看护、起居服务以及娱乐服务。起居服务和日常看护服务的主要划分区别在于看护的时间段及服务的总体时间长度。针对3年间统计样本中具有该方面需求，并进行支付的样本数量进行统计，详见表4-3。

表4-3 黑龙江省农村老年人口生活照料服务支付统计表

项目	样本容量/户	最大值/(元/月)	最小值/(元/月)	均值/(元/月)	中位数/(元/月)	标准差
餐饮服务	172	1298	55	234	187	8.987
日常看护	87	827	104	221	165	3.983
起居服务	102	562	90	188	128	2.393
娱乐服务	89	527	52	138	85	1.982

数据来源：调研数据。

由表4-3可知，3年间共计450户具有该方面需求。其中，具有餐饮服务的样本规模最大，达到172户。与此同时，餐饮服务的样本离散程度最高，标准差高达8.987。其最大值为1298元/月，最小值为55元/月，均值为234元/月，中位数为187元/月。日常看护的样本容量共计87户，最大值为827元/月，最小值为104元/月，均值为221元/月，中位数为165元/月，整体样本离散程度偏低。起居服务的样本容量为102户，最大值为562元/月，最小值为90元/月，均值为188元/月，中位数为128元/月。娱乐服务的样本容量最小，三年共计89户，最大值与最小值分别为527元/月和52元/月，均值也相对略低，仅为138元/月，标准差低至1.982。

从整体样本中看出，黑龙江省农村老年人口对该类日常生活照料服务的整体需求程度和支付能力偏低。即便该类服务是老年人养老的刚性需求，但基于黑龙江省农村老年人口较低的支付能力以及家庭供养水平，使该方面的支付样本容量以及各项均值性的统计数据均不高。这说明上述方面的支付能力有待提升，且亟待探索形成补偿性的替代支付和转移支付机制。

4.4.2 康复理疗支付能力评价

康复理疗服务的主要统计对象是患有慢性病或手术后恢复期老年人。3 年统计的样本规模共计 451 户，检查服务的支出样本群体规模最为显著，高达 198 户，康复服务次之，而保健服务和护理服务的支付规模和支付水平不乐观。其具体的统计状况详见表 4-4。

表 4-4　黑龙江省农村老年人口康复理疗服务支付统计表

项　　目	样本容量	最大值	最小值	均值	中位数	标准差
康复服务/(元/年)	102 户	3552	298	373	521	3.484
保健服务/(元/月)	62 户	897	119	177	201	2.398
护理服务/(元/月)	89 户	1029	155	187	298	4.383
检查服务/(元/月)	198 户	373	83	127	122	2.483

数据来源：调研数据。

由表 4-4 可知，整体 451 户样本中，康复服务是样本容量最大的服务类型。其最大支付额为 3552 元/年，最小值为 298 元/年，均值为 373 元/年，中位数为 521 元/年。保健服务逐渐成为样本地区老年人的养老服务需求类型，其样本容量为 62 户，最大值为 897 元/月，最小值为 119 元/月，标准差仅为 2.398，整体样本离散性相对较小。护理服务指的是长期护理服务，其 3 年的样本容量共计 89 户，最大值为 1029 元/月，最小值为 155 元/月，整体样本离散性相对偏大，标准差为 4.383。最后，检查服务主要指的是医疗团队下乡诊疗的支付金额，最大值仅为 373 元/月，最小值为 83 元/月，样本离散性偏小。

虽然康复理疗服务是老年人口的重要社会养老服务需求类型，但整体样本规模显示，黑龙江省农村老年人口在该方面的整体支付能力和需求水平相对一般。仅康复服务以及护理服务两项内容作为老年人手术及重病之后的必需选项，其他各类检查服务和保健服务的整体需求程度以及支付水平依旧偏低。康复理疗服务的支付能力和发展潜力意味着老年人在日常保健方面的水平，也与老年人养老质量存在一定的相关性。该方面发展程度不高，意味着黑龙江省农村老年人口的养老质量受限。

针对黑龙江省老年人在康复理疗方面支付能力进行的调研和统计可知，其较低的支付能力或由三方面因素导致：第一，较低的社会养老服务支付水平受较低的就医水平及就诊后处理方式影响。虽然在调研的过程中发现过半老年人的健康状况一般，且基于东北地区的气候问题和农村地区在生活条件方面存在的局限，老年人时常伴有高血压及冠心病等各类心脑血管疾病。但是 32%以上的老年人反馈其较少就医或日常服用阿司匹林等药物进行简单防范，缺乏常规性就医的观念和意识。而 25%的被调研老年人反映其在就医后往往不遵从医嘱进行定期服药或是入院就诊，高昂的医疗费用以及不确定的结果对农村老年人及家庭在康复方面的支出决策有较大影响。第二，黑龙江省农村地区在康复理疗方面较低的支付水平也由于服务供给机制较为薄弱导致。在调研的 60%以上的农村地区中，缺乏提供上述康复理疗服务的主体。无论是个人还是村镇医疗机构，均无法满足老年人在康复理疗等服务方面的需求，说明供给方面的薄弱也对支付能力形成一定的制约，黑龙江省老年人及家庭客观的支付能力与政府和社会在养老服务机构及组织方面供给水平不高具有一定关联。第三，针对上述支付样本状况进行观察也可知老年人在检查费用支付方面的样本容量为198户，但该项支出额度偏低且最大值和最小值的差距相对较小，可以印证农村老年人在检查方面缺乏后续投入的特征，这也客观印证了农村老年人在医疗服务购买等方面缺乏持续支付能力的问题。

4.4.3　家政服务支付能力评价

家政服务主要指洗护清洁等服务。以下针对清洁服务、理发服务、接送服务等三项主流内容进行统计，统计结果详见表4-5。

表4-5　黑龙江省农村老年人口家政服务支付统计表

项　目	样本容量	最大值	最小值	均值	中位数	STDEV
清洁服务/(元/年)	362户	198	82	102	119	5.483
理发服务/(元/年)	321户	55	12	4	4	2.288
接送服务/(元/月)	154户	75	15	22	25	4.982

数据来源：调研数据。

由表4-5可知，清洁服务的样本容量最大，3年样本总体容量362户。清洁服务包括洗衣和洗浴，最大值为198元/年，最小值为82元/年，理发服务的样本容量次之，3年整体样本容量为321户，最大值为55元/年，最小值为12元/年，中位数与均值均为4元/年（4舍5入获得）。接送服务的样本容量最小，仅为154户。其中，最大值仅为75元/月，最小值为15元/月，均值仅为22元/月，中位数仅为25元/月。以接送服务为主的交通服务在黑龙江省农村社会养老支付中占比最低的现象，反映了调研样本中对出行的需求整体偏低。精确来讲，其对于有偿出行的需求程度整体偏低，其支付能力不足。

针对黑龙江省农村老年人在家政服务支付方面的特征进行分析，可知以下三点：第一，黑龙江省农村老年人口在家政服务方面的需求主要体现在以洗浴为主的清洁服务，以及理发服务等日常必备项目上。以上服务的支出样本群体较大，主要是由于部分农村老年人缺乏家庭清洁工具或是交通工具，在该方面的支出属于生活必要支出，而本身与农村老年人及家庭的支付意愿关联不大。第二，以上项目的年度支付额度相对较低，意味着单次服务的价格偏低。从原因上分析，农村地区在以上服务的提供方面遵循市场化方式运行的程度相对较低，而具有浓厚的邻里互助性质。特别在理发服务方面，321户样本中最大值和最小值的差距仅为43元/月，亦即黑龙江省老年人在该方面的支出水平总体差距不大，市场化服务的性质较弱，村民便利服务的程度较强。第三，整体样本离散程度偏低以及均值和中位数高度聚集的现象，也意味着黑龙江省农村老年人口在该方面的需求缺乏差异性和弹性，老年人口的社会养老服务需求集中在刚性的家政服务需求方面。与生活照料和医疗服务的支付存在差距的是，家政服务对于一般居家养老的老年人来讲并非刚性需求，洗护清洁以及交通服务在一定程度上属于其他类别刚性服务的附属和伴随性服务。该方面并非农村社会养老服务支付的重点领域，其现有支付能力和此后的支付潜力增长空间有限。

4.4.4　医疗保健支付能力评价

医疗保健是黑龙江省农村社会养老支付中的核心环节。此处所指的医疗保健不包含急诊急救中的相应项目。针对常规医疗服务、手术服务、护工服务等共计 6 项内容进行统计，其三年的样本总量共计 1664 户次，详见表 4 - 6。

表 4 - 6　　黑龙江省农村老年人口医疗保健服务支付统计表

项　目	样本容量	最大值	最小值	均值	中位数	STDEV
常规医疗服务/(元/年)	352 户	27883	2883	11982	10862	6.398
手术服务/(元/年)	34 户	109923	698	2834	3021	12.329
护工服务/(元/月)	100 户	2400	421	839	1023	4.569
药物购买/(元/年)	452 户	4099	621	1029	1281	6.983
住院费用/(元/年)	273 户	6352	1002	1771	2829	3.499
检查服务/(元/年)	453 户	1992	75	281	342	8.475

数据来源：调研数据。

由表 4 - 6 可知，常规医疗服务 3 年样本总体容量为 352 户。最大值高达 27883 元/年，最小值为 2883 元/年。其均值高达 11982 元/年，中位数也高达 10862 元/年，整体样本离散度中等偏大。手术服务的 3 年样本容量为 34 户，最大值高达 109923 元/年，最小值为 698 元/年，均值为 2834 元/年，中位数为 3021 元/年，整体样本离散度极大。护工服务的样本容量相对偏小，3 年样本容量仅为 100 户，最大值为 2400 元/月，最小值仅为 421 元/月。药物购买的样本容量最大，为 452 户，最大值高达 4099 元/年，最小值也高达 621 元/年，且整体样本离散性中等偏高。住院费用的最大值为 6352 元/年，最小值为 1002 元/年，均值偏小，为 1771 元/年，但中位数偏大。检查服务的样本容量为 453 户，最大值高达 1992 元/年，最小值仅为 75 元/年，均值与中位数均落在 200～350 元/年区间内，但样本离散性偏大。

医疗服务是近年来黑龙江省乃至全国发展程度与转变程度最为明显的领域。各项医疗政策降低了城乡居民在医疗服务方面的各项支付压力。特别是《中共中央办公厅国务院办公厅转发〈国务院深化医药卫生体制改革领导小组关于进一步推广深化医药卫生体制改革经验的若干意见〉的通知》《黑龙江省深化医药卫生体制改革领导小组关于进一步推广深化医药卫生体制改革经验的实施意见》以及黑龙江省卫生计生委《关于做好新农合相关工作的通知》等一系列政策的制定与推行，大大降低了黑龙江省农村老年人口在医疗服务方面的整体支付压力。人力资源社会保障部、工业和信息化部、财政部、商务部、食品药品监管总局等联合印发的《关于印发推进药品价格改革意见的通知》也进一步降低了城乡居民在药品开支方面的整体支付压力。

结合黑龙江省医院在各项制度改革后的医疗服务整体支付趋势来看，详见图 4 - 1。

图 4 - 1 中明确可知患者在门诊和住院中的整体用药占比水平有显著降低。而其门诊和住院的人均费用虽然存在较大幅度的增长，但基于黑龙江省完善了新农合等各项与医疗保险服务费用支付相关的社会保障制度，该部分是基于转移支付的方式由国家和黑龙江省财政承担，农民个人所承担的份额相对较小。综上，医疗保健服务作为社会养老的重要方面，黑龙江省在该方面的发展趋势和发展水平与我国各项政策的发展持平，农村医疗保健支付能力水平居中且该项服务作为农村社会养老的必需服务，按常规发展方式发展即可。

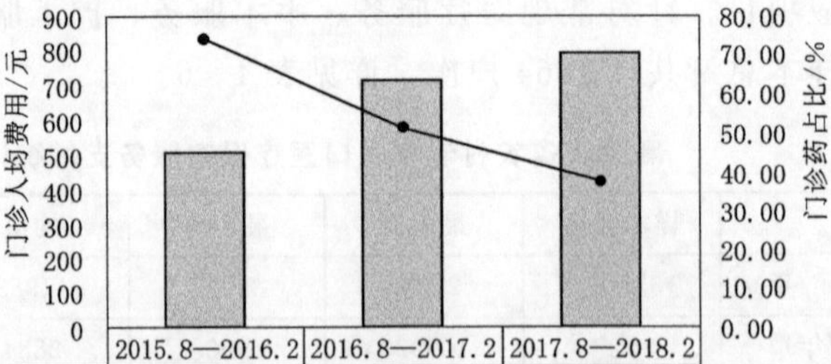

	2015.8—2016.2	2016.8—2017.2	2017.8—2018.2
门诊人均费用/元	513.66	719.66	800.39
门诊药占比/%	74.26	51.65	38.03

图 4-1 黑龙江省医院统计数据趋势图

4.4.5 紧急救援支付能力评价

紧急救援主要包括急诊急救服务以及 ICU 等服务，也包含急诊急救中产生的检查费用，紧急救援方面的支付属于刚性支付需求，对于黑龙江省农村地区老年人及家庭在支付能力方面来讲具有硬性要求。但是，针对一样的群体所进行的调研显示在该方面的整体支付样本群体数量受限，反映出的问题除农村老年人及家庭的客观支付能力薄弱外，也说明在紧急救援服务供给上的薄弱客观上制约了该方面需求。具体支付规模详见表 4-7。

表 4-7　　黑龙江省农村老年人口紧急救援服务支付统计表

项　目	样本容量	最大值	最小值	均值	中位数	STDEV
急诊服务/(元/年)	162 户	4934	25	224	276	10.234
急救服务/(元/年)	88 户	8273	3842	4832	4293	5.677
ICU 服务/(元/年)	29 户	28992	5093	5263	5788	12.399
急救性检查服务/(元/年)	141 户	2012	49	1023	1439	13.499

数据来源：调研数据。

由表 4-7 可知，样本群体中急诊、急救服务的需求群体容量相对较小，3 年间，急诊服务的容量仅为 162 户，最大值为 4934 元/年，最小值仅为 25 元/年，均值为 224 元/年，中位数落在均值近似处，仅为 276 元/年。急救服务的样本容量为 88 户，最大值为 8273 元/年，最小值为 3842 元/年，样本离散性一般。ICU 服务作为急救性医疗服务中具有特殊性的类别，其样本容量最小，3 年仅为 29 户。但是，其最大值高达 28992 元/年，最小值也高达 5093 元/年，且大部分样本落在 5000～6000 元/年区间，亦即其 ICU 服务频次一般为 1～2 次（日）。急救性检查服务的样本容量为 141 户，最大值与最小值的离散性极大，最大值为 2012 元/年，最小值仅为 49 元/年。

紧急救援服务作为农村社会养老服务之一，对于家庭关系紧密、子女具有支付能力的农村家庭来讲，该方面支付是老年人口的刚性支付需求，与老年人的寿命具有直接关联，且对农村社会养老质量具有至关重要的作用。上文曾阐述黑龙江省较为恶劣的气候环境以及农村地区的生活质量对于老年人形成常见的高血压及冠心病等病症具有影响作用，而心脑血管疾病作为老年人紧急救护的重要疾病类型，其对于家庭支付能力有较高要求。这也是急救以及 ICU 服务中样本支出均值较大的直接原因。从以上支付群体特征上也不难发现以下几方面特征：其一，急救服务以及ICU服务的样本容量相对较小。一方面或是由于家庭在高昂的支付压力面前缺乏持续支付能力导致的，另一方面也是黑龙江省部分农村地区在硬性的紧急救护服务供给主体上明显发展不足的客观结果。在以上调研区域中，距离县城普通规模医疗机构平均距离可达42km，该问题导致老年人在突发疾病的过程中往往耽误治疗，家庭的支付意愿是一方面，而客观上有无提供紧急救护服务的主体则是影响其支付能力的另一方面。其二，农村家庭在紧急救护服务方面呈现出高度差别性。随着黑龙江省农村家庭生活水平的提高以及农村龙头企业的兴起，不乏具有高支付能力的家庭在老年人的各类医疗服务支付中倾注大量投入的状况。ICU服务的支付样本群体规模为29户，最高支付额度达到28992元/年，这客观说明黑龙江省农村地区群众并非在紧急救助方面完全缺乏支付能力，医疗资源的配置、家庭支付能力等成为共同影响该项支付水平的因素。其三，急诊检查服务的支付样本规模远超急救服务和ICU服务，客观上显示了后续经济服务的支付能力会有限制。以上说明黑龙江省农村群众在该方面具有一定的支付能力，但支付能力不均衡、支付对象不确定且支付潜力不明确。

紧急救援服务作为农村社会养老服务之一，其并非老年人口的刚性服务，但对农村社会养老质量具有至关重要的作用，也对农村老年人的平均寿命有相当重要的影响。该方面服务目前支付水平偏差较大，主要也是基于该方面服务的非刚性而言的。

4.5 本 章 小 结

本章内容针对黑龙江省农村社会养老服务及支付能力现状进行了介绍与评价。首先介绍了黑龙江省农村社会养老服务支付的政策概况，并阐述了黑龙江省农村社会养老服务支付的各类途径，同时分析了其基本的运作机制。在此基础之上，本章界定了黑龙江省农村社会养老服务支付的各项构成情况，从支付主体、支付方式以及支付水平三方面入手，诠释了黑龙江省农村社会养老服务的支付体系。最后，依据上文的各项支付构成状况，结合实地调查问卷的调研信息，从生活照料支出、康复理疗支出、家政服务支出、医疗健康支出以及紧急救援支出等方面入手，诠释各项支付水平，评价其支付能力，为后文针对黑龙江省农村社会养老服务支付的支付能力展开实证研究提供依据。

5 黑龙江省农村社会养老服务支付能力的影响因素实证研究

5.1 农村社会养老服务支付维度及影响机制

5.1.1 政府及政策因素

政府及政策因素对于我国养老和医疗两大基础领域具有关键作用。结合福利经济学中政府扮演角色的特征，2009年全国新型农村社会养老保险试点工作会中提出的建构“新农保”体系的倡导是政府在社会保险长效供给中发挥作用的理论依据。此后，无论是“基础养老金＋个人账户”的农村养老保险方式，还是“个人缴费＋集体补助＋政府补贴”的养老保险类型，均体现了政府财政作用在农村社会养老服务支付的基础性作用，更是黑龙江省“个人缴费＋集体补助＋政府补贴”的社会养老服务支付格局的底层逻辑[96]。但是，该种分配机制和政府的支付作用实际上也是收入分配理论在黑龙江省农村社会养老服务中凸显政府作用的方面[97]。政府的财政性支出属于国民收入再分配的范畴，黑龙江省各级政府部门在农村社会养老服务支付中发挥财政性作用是优化国民收入再分配机制的重要体现。黑龙江省农村社会养老服务支付体系既与养老问题有关，也涉及医疗问题。所以，政府及政策因素在其中起到了重要的作用，成为省内农村地区社会养老服务的关键支付主体之一。

(1) 政府对养老保险及医疗保险的投入是关键影响因素。新农保、新农合等作为省内农村地区的社会养老保险类别和医疗保险类别，在三个层面上对黑龙江省农村社会养老服务支付产生影响。第一，新农保的家庭养老替代率问题。新农保发展水平越高，则对家庭养老的替代率越高，亦即将在更大的程度上减轻家庭社会养老支付负担。黑龙江省新农保的家庭养老替代率在15%左右，依旧有较大的发挥空间。第二，新农合对于黑龙江省农村社会养老服务支付也具有显著影响。新农合发展水平越高，则黑龙江省农村个人及家庭的社会养老负担越轻，医疗费用的承担水平越低，享受医疗等社会性养老服务的程度越高。第三，新农保与新农合发展越健全，家庭与社会在养老支付方面的分配机制越趋于合理。医疗等支出作为老年人口所必需的养老支出类型，若老年人缺乏养老保障途径，亦即缺乏资金来源，则将影响其有效需求水平。新农保与新农合家庭养老替代率的不断提升将持续激活黑龙江省农村老年人的刚性养老需求，提升其支付意愿，提高支付能力。所以，政府对养老保险及医疗保险的投入对于黑龙江省农村社会养老服务支付水平有正向影响。政府支付水平越高，则总体支付能力越高。

(2) 央地财政的社会养老机构投入影响黑龙江省农村社会养老服务支付水平。央地财政对黑龙江省农村社会养老服务中养老机构的投入情况在多个方面影响社会养老支付[98]。

首先，政府提升对养老机构的财政倾斜有助于降低其收费，并进而保障农村老年人口拥有较高的相对支付能力。其次，政府提升政策投入有助于在供给侧提升社会养老机构兴建和运行水平，通过调控供给进而平衡需求，促进社会养老机构以良性的市场竞争促进价格调控，在相对层面上激活黑龙江省农村老年人口及家庭的支付潜能。最后，提高央地财政对社会养老机构的倾斜从本质上来讲是启动转移支付机制的表现[99]。转移支付费用是政府或企业等无偿支付给个人以提升其购买力的费用。因此，央地财政在社会养老机构中投入越多，则说明转移支付水平越高，个人及家庭的社会养老服务支付压力将随之减轻。所以，政府央地财政对养老机构的投入越高，则黑龙江省农村社会养老服务支付能力越强。

(3) 央地税收政策影响黑龙江省农村社会养老服务支付水平。财税政策从本质上来讲是以货币资源为杠杆，对社会资源进行再分配的过程。如果说新农保、新农合以及政府在黑龙江省农村社会养老服务支付机构建设中的投入是转移支付的表现形式，则央地财税政策将对整体支付规模产生影响。在养老机构减税、免税和补贴政策的作用下，开设营利性养老机构的总体成本将得到显著控制。基于其成本控制与市场主体的良性竞争，收费水平在一定程度上也相对降低。这实际上缩小了黑龙江省农村社会养老服务支付主体的总体支付规模，有助于挖掘支付潜力，提升黑龙江省农村老年人口及家庭的支付意愿，提升支付水平。

5.1.2 非营利机构因素

非营利部门在黑龙江省农村社会养老支付中的驱动作用实际上是制度变迁过程中私人部门发挥作用的重要体现。非营利部门虽然不以营利为运行目的，但其背后依然有着较为深刻的博弈逻辑[100]。从我国以及黑龙江省内各类非营利部门所进行的划分可知，非营利部门既包括由政府主导的组织，也包括由企业或是个人主导的组织。这就使得其政府性质与私人性质并行，背后具有深刻的制度变迁逻辑。随着《中华人民共和国慈善法》在我国的颁行，政府倡导非营利部门提高资本运作水平，发挥社会组织在慈善事业中的作用。这实际上是在提高私人部门在社会事务中的参与性，建立全面的政府—社会组织以及个人联合主导的支付制度。非营利机构主要包含黑龙江省具有公益性质的养老院、各类从事养老投资及养老事业运营和管理的福利机构以及乡村中设立的福利性医疗基础设施等。非营利机构作为养老事业和医疗事业的补充支付主体和组织运营主体之一，支撑着黑龙江省农村社会养老服务业。非营利机构的多方面因素对于黑龙江省农村社会养老服务支付产生影响。主要包括非营利机构的支付补贴额度、补贴方式、非营利机构参与性等均影响到黑龙江省农村社会养老服务支付。从影响路径上看，可从以下几个方面，探讨非营利机构因素是否会对黑龙江省农村社会养老服务支付产生影响。

(1) 非营利机构的补贴数额。这是非营利机构影响黑龙江省农村社会养老服务支付的显性方面，也是其转移支付机制的集中体现。非营利机构转移支付的数额越大，则与之相关的各个主体的支付负担越小。黑龙江省在 2018 年开始着重调动老年福利基金会等非营利机构的力量，提升对社会养老事业的支持水平。在调研中显示，黑龙江省公募基金会和企业基金会中均有主体设立了与农村社会养老相关的基金项目。结合建设美丽乡村、美丽中国乡村振兴的政策导向和农村地区基础设施建设的发展倡导，公募基金会和企业基金会等在资金上的大力扶持将大大提升黑龙江省农村社会养老服务支付能力，发挥社会多主体协同供给对老年人及家庭的减压作用，提升黑龙江省农村社会养老服务支付能力。

（2）非营利机构服务供给水平。黑龙江省民政厅在 2018 年 9 月下发的《关于配合中国老龄事业发展基金会做好养老人才培训项目的通知》，成为政府引导非营利机构参与社会养老服务事业发展的文件。上述政策实际上是在人才等方面对黑龙江省农村社会养老服务支付进行倾斜的体现，降低了养老服务业的成本，通过持续的人才供给和各项资源的配套倾斜，着力打造社会养老品牌，实现社会养老服务人才培养、服务输出、全产业管理。从具体实践上看，其在 2018—2019 年拟培训养老护理人员 10000 人左右，并培养老年人能力评估员。所培养的人才在黑龙江省各地提供社会养老服务，赴农村提供服务的服务人员将大大提升对农村地区的社会养老服务供给力度，降低农村社会养老服务人员的稀缺性，降低黑龙江省农村社会养老服务支付压力。

（3）非营利组织的金融工具将夯实黑龙江省农村社会养老服务支付的资金基础。随着 2016 年我国颁行《中华人民共和国慈善法》，发挥社会力量、推动非营利机构投融资机制的创新，提升黑龙江省农村社会养老服务支付能力，成为非营利组织在资金方面对养老产业进行间接倾斜，降低农村老年人及家庭社会养老支付压力的途径。非营利组织在此政策的导向之下，及资管单位的作用和助力之下，积极参与城乡社会养老产业。非营利机构作为委托方，信托、保险、资管和券商作为受托方，通过发行慈善信托产品，发挥非营利组织的造血能力，提升非营利组织在黑龙江省农村社会养老服务支付中的作用。其资金供给量越大，资管机构在资金管理、业务扶持中的作用越为显著，则对黑龙江省农村社会养老服务支付压力的缓解程度越高。

综上，本研究将针对非营利组织的资金供给、人才供给、运营供给等方面因素进行归纳，充分考虑非营利机构在黑龙江省农村社会养老服务支付中的作用。

5.1.3 市场化企业因素

市场化企业在黑龙江省农村社会养老支付中具有一定作用的背后具有深刻的理论逻辑。企业实际上也是社会的利益集团的构成部分，遵循制度变迁理论中社会利益群体博弈的逻辑。此处的企业既包含基于我国特定历史条件和经济制度所形成的公有制与非公有制企业类型，也包含着农业产业化发展之下农村新型合作组织及企业。从前者看，我国近年来提高了对国有控股企业在社会责任披露方面的要求，参与黑龙江省社会养老支付是国有控股企业履行社会责任的具体表现。与此同时，基于黑龙江省较为浓厚的公有制企业氛围和对传统计划经济的路径依赖，央企等国有控股企业在黑龙江省经济社会中扮演的角色不容忽视。这使得该类企业在黑龙江省农村社会养老支付中的作用日趋凸显，成为重要的补充性支付力量。结合农村地区的具体情况，随着黑龙江省规模化农业生产流通类的企业不断发展壮大，农村地区的新型合作经济主体也应当履行一定的社会责任，发挥其对农村养老等问题的作用，作为国家扶持农业新型企业发展政策之下企业对国家养老事业的反馈。故而，市场化企业在黑龙江省农村社会养老服务支付中也起到一定作用。随着国内及黑龙江省省内对于社会和企业参与养老产业发展及运行的政策倡导性不断提升，企业在直接支付和间接支付方面也发挥了其固有作用，作用体现在家庭照料、医疗服务、紧急救护等多方面。市场化主体的有效参与是提高黑龙江省农村社会养老服务运行效率的关键。依据企业类别，可将不同性质和业务范畴的企业在黑龙江省农村社会养老服务支付中的作用进行如下归纳。

(1) 从企业性质上看，国有控股和非国有控股的企业在黑龙江省农村社会养老服务支付中发挥不同的作用。基于国有控股企业的特殊性，呈现出经济效益和社会效益并行的特征。黑龙江省作为我国东北地区老工业基础雄厚的省份，传统的“三大动力”、哈尔滨电器集团公司等对黑龙江省内各个产业具有持续的影响性，国企发展嵌入城市的特征依旧十分明显。秉持企业社会责任是上述国有控股企业的责任之一，而助力社会养老则是上述企业发挥其作用的固有方式。上述企业在黑龙江省的作用包括但不限于夯实省内税收基础、为社会养老服务产业提供物质依托、建立并运营企业供社会老年人共享的养老机构等。而就民营企业来讲，随着社会责任披露对于企业重要性的日益提升，民营企业也在多方面为对农村社会养老服务产业助力，而建立点对点定向支付供给机制，则是其缓解黑龙江省农村社会养老服务支付困境的主要方式。民营企业的定向支付一般和黑龙江省的“精准扶贫”紧密关联。在精准扶贫的过程中，民营企业通过对部分贫困地区的贫困人口进行定向扶持，提升贫困人口的支付能力，适当发挥其在黑龙江省农村社会养老服务支付中的作用，提升企业的社会责任履行程度。所以，在目前企业注重社会责任的整体文化导向之下，无论是公有制企业，还是民营企业，均尝试将降低黑龙江省农村社会养老服务支付压力作为企业履行社会责任的方式之一，实际的资金投入和发挥的社会引领作用，是黑龙江省社会养老服务业良性发展的基础之一，也是不断挖掘多主体在黑龙江省农村社会养老服务支付中的潜力的方面。

(2) 从企业属性来看，黑龙江省内以及全国范围内的服务行业在农村社会养老支付中的作用十分显著。金融服务行业在农村社会养老产业中发挥的作用十分明显。结合《中华人民共和国慈善法》的导向，金融行业在社会养老中的作用包括运营社会养老资金、提供财务支持；险资企业、券商、基金公司合理投向养老产业，夯实养老产业资金基础；金融企业支持互联网概念，将物联网等作为扶持居家养老模式良性发展的方式，推动智能养老产业发展；新兴金融工具的发展是推动农村社会养老服务业的辅助力量，金融企业可以通过发行债券等方式为农村社会养老产业筹资，激活养老产业，夯实资金基础。金融是实体经济发展的重要辅助力量。随着我国逐步放松养老基金入市的政策口径，金融机构通过运营养老基金、提升新农保资金运营的整合性，逐步成为金融机构夯实黑龙江省农村社会养老服务支付资金基础的又一途径。从实体服务业来看，其在供给方面的作用主要是提供人才、专业管理等。上述方面有助于以供给调控需求，通过夯实黑龙江省农村社会养老产业，探究在农村地区建设和运行养老机构的成熟模式，降低农村社会养老产业运营成本，进而降低农村群众支付压力。

(3) 地产等企业产生一定影响。从黑龙江省农村社会养老服务支付中的作用来看，虽然农村的土地资源性质、利用模式等同黑龙江省城市存在一定的差距，但从社会养老机构建设上看，其建设资金、建设方式、建设进度、物业运营成本等也对黑龙江省农村社会养老服务支付产生一定的影响。在我国收紧住房营销政策口径的环境之下，投资养老产业发展成为地产企业的重要转型方向，对黑龙江省农村社会养老服务支付产生两方面作用。其一，建设养老机构，通过物业管理和收取租金的方式参与到社会养老产业发展中，以物业运营等方式参与到社会养老产业中，例如泰康人寿联合商业地产企业在该方面所发展的养老产业是该种模式的集中体现；其二，地产企业通过与农村村集体达成定向协议，在农村兴建农村养老基础设施，以PPP或BOT模式参与到农村社会养老产业中，与政府共同推动农村社会养老服务业的发展，降低黑龙江省农村社会养老服务支付压力。

综上，国有控股企业和民营企业、金融企业与地产企业在农村社会养老服务业中发挥作用是夯实养老产业资金基础的重要途径，本书在主成分提取中将金融企业等社会主体的作用加以归纳，以诠释其在黑龙江省农村社会养老服务支付中的作用。

5.1.4 农村村集体因素

农村村集体是基层治理的重要单位，也是在农村地区统筹经济社会发展的集体性自治组织。农村村集体经济是社会主义市场经济的重要组成部分，是提高农民组织化程度的重要载体，是坚持和完善统分结合的双层经营体制的制度基础。在农村经济事务中具有较强的影响力，对于农村中集体财产的分配、宅基地分配、集体土地配置和土地流转具有重要作用。从农村村集体中对于经济事务具有影响的组织类型来看，在经济事务中具有管理职能或是发展潜力的组织均应当成为农村社会养老服务支付的重要构成部分。这也是我国在基层地区实现善治，提高基层社会治理水平，将养老问题作为基层社会事务关键问题加以解决的尝试。其背后具有深刻的理论逻辑和历史沿革基础。农村三类集体性组织对于黑龙江省农村社会养老服务支付具有重要作用，其分别是农村村集体组织、农村村委会以及各类合作社。归纳来看，农村村集体组织与农民专业合作社实际上是经济合作类的组织，村委会是“村两委”（村委会和村支部）的重要构成部分，具有一定的社会治理职能。农村村集体作为具有特殊性的集体经济合作组织，依托我国农村集体经济的属性，村集体在农村地区发挥的作用包括组织农业生产和统筹土地分配。农村地区兴建养老机构涉及的土地资源利用问题、农村集体财产使用和分配问题、农村合作医疗中的村集体支付问题等，均需要村集体发挥应有作用。但是，村集体作为农村地区集体经济的管理单位，发挥作用的主要领域是经济领域，它的支付方式不同于企业和非营利组织的支付形式。农村村集体在黑龙江省农村社会养老服务支付中应当发挥的主要作用，归纳如下：

（1）农村村集体在土地方面的作用。土地方面的作用是村集体为黑龙江省农村社会养老服务支付发挥作用的主要方面。无论是上文所提及的金融企业还是商业地产企业参与到农村社会养老服务业发展中，均需要一定的物质基础。其中，兴建农村社会养老机构，以及美丽乡村建设过程中利用农村非耕地资源所建设的乡村公立医疗机构、医养结合机构等，均需要村集体统筹土地资源。所以，村集体在该方面的贡献越大，服务于农村社会养老主体实体建设的程度越高，对黑龙江省农村社会养老服务支付压力缓解的程度越大。故而，在本书此后的研究中，将针对村集体在农村社会养老服务中的土地贡献情况设立一系列的研究因子，在当前的农村土地所有制结构和流转形式之下，探究农村社会养老服务支付问题。

（2）农村村集体在现金方面的支付作用。黑龙江省农业的规模化生产在一定程度上夯实了农村社会养老支付的资金基础，并对冲了人口外流和人口兼业经营所导致的劳动力不足问题。从省内种植业来讲，依据笔者调研显示，目前2%的农户是超级种植大户，不同地区中5%～20%的种植户是种植大户。上述主体对于黑龙江省农村社会养老服务支付具有一定的贡献，土地流转制度的健全化发展也提升了村集体的支付潜力。从对于黑龙江省样本地区所进行的村集体支付调研情况显示，约有37.45%的村集体在农村社会养老支付中的支付水平超过了总体支付额度的35%。上述村集体一般是黑龙江省精准扶贫的重点地区。村集体、财政在上述地区的转移支付规模如此之大，客观上说明了村集体在省内农村社会养老支付中依旧发挥着其固有的作用，成为研究黑龙江省农村社会养老服务支付过程中不可忽视的支付主体之一。

(3) 农村村集体在人员的统筹和调配方面也发挥了一定的作用。村集体一般与村委会等农村自治组织一道发挥作用，村支部等主体也发挥着部分作用。村集体在该方面的作用主要体现在支付农村互助类社会养老服务过程中所产生的各类费用。由于农村并非完全的商品经济社会，村民中的非农忙人群等在一定程度上可以提供社会养老服务，农村的互助性质也降低了黑龙江省农村社会养老服务支付压力。土地流转制度的稳健发展也使得农村村委会的支付能力逐步提升。随着黑龙江省青壮年劳动力进城务工比率的持续攀升，规模化农业的发展使得村集体在土地流转中发挥的作用日趋凸显。由村集体充当主体主导的二次土地流转程度也不断提高。依据对案例地区所进行的调查研究显示，村集体在土地流转中的年收益水平提升了5%～8%，并将在农村社会养老支付中进一步发挥作用。

综上，本书在此后的主成分分析及回归分析过程中，也将着重考虑到村集体支付在黑龙江省农村社会养老服务支付中的作用，将农村集体经济作为缓解家庭养老支付压力的补充部分，推动农村村集体在黑龙江省农村社会养老服务支付中最大程度上发挥其效能。

5.1.5 农村老人及家庭因素

无论是在享受新农保的农户群体中，还是在不享受社会保障待遇的农户群体中，农户及家庭在黑龙江省社会养老服务支付中具有一定的作用，这是我国的社会分配制度以及社会保障制度所共同决定的[101]。在享受新农保的老年群体中，针对我国农村社会养老保险支付机制进行分析，可知养老待遇与社会统筹和个人账户相关联，亦即社会性主体和个人主体在社会养老支付中均具有作用，履行相应职责。新农保与家庭养老、土地保障、社会救助等其他社会保障政策措施相配套，应建立个人缴费、集体补助、政府补贴相结合的筹资模式[102]。所以，在黑龙江省参保群体中，其支付机制由个人支付和养老保险替代支付共同构成，而在不享受养老保险的农村老年人群体中，其完全由个人和家庭履行支付义务。故而，个人及家庭在社会养老服务支付中的地位和作用无需赘述。农户及家庭是黑龙江省农村社会养老服务支付的主体，也是支付的物质承担者。农民及家庭的多项因素对黑龙江省农村社会养老服务支付的水平产生重要影响[103]。且不同于上述支付主体对黑龙江省农村社会养老服务支付影响，农户及家庭所造成的影响更具复杂性。

(1) 老年人年龄。老年人年龄越高，则需要的社会养老服务类型越为复杂，其主要指的是医疗及急救类服务的需求，这将造成支付能力的被动上升。同时，随着老年人年龄的不断提升，各类社会保障及商业保险的数额将呈现上升的趋势，这主要是基于我国社会养老保险刚性变动的特征。以上因素将在主观和客观两方面提升黑龙江省农村老年人的社会养老服务支付数额。如果老年人以劳动换取薪酬进而进行养老支付，则随着年龄的提升，农村老年人的支付能力将呈现下降趋势；若通过新农保和商保以及家庭供养等方式进行社会养老支付，则随着农村老年人年龄的提升，支付能力呈现上升趋势。

(2) 家庭人口数量。家庭人口数量对于其支付能力具有显著影响[104]。对于家庭人口数量的问题应当辩证看待，家庭人口数量越多，则基于人口而形成的支付能力较强。但是，家庭人口数量对于农村老年人的支付意愿将产生一定影响。家庭人口数多，则倾向于以家庭养老模式进行养老，进而对黑龙江省农村老年人及家庭的社会养老服务支付意愿产生影响。就绝对支付能力来讲，家庭人口数量越多，则社会养老支付能力越强。

(3) 受教育程度。老年人受教育程度对社会养老支付能力的影响是间接性的。主要通过两种方式对社会养老服务支付能力产生影响：其一，老年人受教育程度越高，则对于社会养老支付形成更高的接纳性，也就具有更高的支付意愿，并进而具有较大的概率将支付意愿转化为支付能力；其二，受教育程度越低的老年人，则越倾向于以家庭方式养老，其具有更低的支付意愿，并进而转化为更低的支付能力。从绝对方面上来讲，老年人受教育程度越高则收入相对越高，进而拥有更高的支付能力。所以，农村老年人的受教育程度与社会养老支付能力呈正相关，其受教育程度越高，则社会养老支付能力越强。

(4) 邻里关系。邻里关系对于黑龙江省农村地区的养老服务形成显著影响，这主要是基于农村的生活形态和养老模式特殊性而言的[105]。邻里关系越好的农村家庭，则邻里互助对于社会养老服务的替代性越高，并进而对社会养老服务支付形成替代。但是，邻里互助机制中也蕴涵着农村社会养老的新型形态，亦即利益关系本身也可以转变为社会养老服务模式。与普通的社会养老服务存在的差别仅仅在于支付的金额以及支付的形式等外在内容，而根本的共性依旧在于通过社会性形式弥补家庭养老的不足。本研究中邻里关系越好，农村老年人口的社会养老支付能力越弱，发挥邻里互助机制对于家庭养老的弥补，有助于黑龙江省形成新型的农村社会养老供给和支付模式。

(5) 配偶状况。配偶状况对于黑龙江省农村老年人口的支付能力具有双向影响。有配偶的农村家庭，配偶对支付能力可能产生多重影响：其一，随着新农保社会覆盖程度的不断提升以及养老替代率的提高，有配偶家庭的整体支付能力较无配偶家庭更高；其二，有配偶的家庭子女的社会养老支付负担较重。反之，对于无配偶的家庭，在收入一定的情况之下，子女具有较低的社会养老支付负担，具有较高的支付能力。所以，配偶状况对黑龙江省农村社会养老服务具有影响。

(6) 自理水平。在同等收入水平的黑龙江省农村老年人口中，拥有自理能力的老人具有较低的支付意愿；反之，对于家庭养老和社会养老服务具有刚性需求，刚性需求则转化为刚性支付能力。对于无自理能力的农村老年人，在家庭情况一定的背景下，被动具有较高的社会养老服务需求，且医疗需求和紧急救护需求也将同时提升，使得他们被动拥有较高的社会养老支付需求。

(7) 性别。基于黑龙江省农村地区男性老年人口与女性老年人口相比有较高的支付能力，性别对于老年人的支付产生重要影响。黑龙江省农村地区，一般男性人口的收入大于女性。这使得性别在黑龙江省农村老年人社会养老服务支付中呈现出重要影响。

(8) 是否有留守儿童。是否有留守儿童对于家庭社会养老支付产生关键影响。一方面，拥有留守家庭儿童对社会养老服务的需求程度更高，老年人养老问题已经不单单是个人温饱及医疗，也涉及留守儿童的教育；另一方面，留守儿童的家庭其父母进城务工或从事兼业经营的程度更高，对于家庭老年人口及儿童的供养能力更强。这主要是基于黑龙江省外出就业和留守本地农村人口在收入上的差距而言的。所以，留守儿童既是农村老年人家庭状况的一个侧面表现因素，也是农村家庭收入的影响条件。

(9) 健康状况。健康状况与老年人是否生活自理不完全等同。拥有较良好健康状况的老年人对于医疗等社会养老服务的需求程度较低，反之则对于医疗救护等服务呈现出较高的需求，并进而将提升家庭社会养老服务的被动支付能力。

(10) 养老方式。养老方式也对黑龙江省社会养老服务支付能力产生影响。以居家养老和家庭养老进行养老的老龄人口，整体支付压力较小[106]。对于以机构养老的老年人来讲，其个人和家庭支付压力更大。特别是对于支付水平较低的黑龙江省农村地区，以非机构形式进行养老的整体支付额度极低，老年人刚性养老服务需求[107]，且较低的支付意愿进一步压缩了养老支付能力，养老方式成为社会养老服务支付能力的影响因素[108]。

综上，黑龙江省农村社会养老服务的支付主体具有多元性，不同主体在社会养老支付中或承担主要作用，或处于协同支付地位。同时，不同领域的支付主体和影响因素也存在较大的差别，医疗领域、基本生活领域的支付主体不同，而各个社会主体如何在农村社会养老支付中发挥起作用，是本书在此后定量分析中所着重探讨的问题。

5.2 研究样本和影响因子筛选

5.2.1 研究样本和数据来源

本书对黑龙江省农村社会养老服务支付问题进行的研究，选取多种方式进行数据收集，将此作为从多角度探究黑龙江省农村社会养老服务支付来源，并诠释其支付性质、探究支付影响因素的入手点。以下将针对各类数据来源及数据收集方式进行说明。

本节在实证研究中所运用到的数据部分来自于中国健康与养老追踪调查（China Health and Retirement Longitudinal Survey，CHARLS）。CHARLS 项目是由北京大学国家发展研究院所主持、北京大学中国社会科学调查中心等联合执行的大型社会调研项目。该项目针对我国 45 周岁以上的中老年人及其家庭状况进行分类调研，是从微观方面诠释我国人口老龄化问题、为我国人口老龄化研究及政策拟定提供基础数据的重要科研项目。CHARLS 项目从 2011 年开展，每两年调研一次。本次调研所用到的数据为 2015 年 CHARLS 项目针对全国 28 个省份的 150 个县城和 450 个农村所展开的调查。该调查涉及到 1.24 万户家庭共计 2.3 万个受访者，研究的数据对于解释我国人口老龄化问题、人口老龄化的影响因素等具有重要的指导意义。CHARLS 项目的重点在于制定调查问卷，在调查问卷制定的过程中参考美国健康与退休调查（HRS）、英国老年追踪调查（ELSA）以及欧洲的健康、老年与退休调查（SHARE）等同类项目。在抽取调查样本的过程中，CHARLS 项目的调研参与者采取分阶段抽样的方式展开问卷调查。在我国区县村民中主要采取 PPS 分层抽样的途径进行样本选取，在样本抽取之前，该项目主要运用电子绘图软件（CHALRS-GIS）技术，以地图法制作抽取样本群体的基本框架。在问卷所包含的项目，针对被调研的农村群众的个人基本状况、家庭结构以及支持状况、健康状况、体格测量状况、医疗服务利用状况、医疗保险状况、个人工作状况、个人退休后养老金状况、个人消费和收入状况、资产状况以及农村社区的基本状况进行调研。

本节在实证过程中的第二个数据来源是针对黑龙江省农村社会养老支付问题所展开的

问卷调查。在针对黑龙江省内重点城市进行分区的基础之上，对黑龙江省哈尔滨市、牡丹江市、齐齐哈尔市、佳木斯市以及七台河市等六个中心城市的乡镇展开了 PPS 调研，调研样本具体调研地区列表如下。

表 5-1 样本村镇归纳表

哈尔滨市	牡丹江市	齐齐哈尔市	佳木斯市	七台河市	大庆市
永和村	林口镇	龙江镇	桦南镇	勃利镇	肇源镇
承旭村	古城镇	景星镇	土龙山镇	倭肯镇	头台镇
承恩村	刁翎镇	龙兴镇	孟家岗镇	双河镇	大兴乡
万家村	朱家镇	山泉镇	闫家镇	小五站镇	浩德蒙古族乡
建功村	柳树镇	七棵树镇	头河子镇	大四站镇	义顺蒙古族乡
建城村	三道通镇	杏山镇	驼腰子镇	永恒乡	古龙镇
诚详村	龙爪镇	白山镇	梨树乡	吉兴朝鲜族满族乡	新站镇
诚顺村	莲花镇	头站镇	明义乡	杏树朝鲜族乡	超等蒙古族乡
长生村	青山镇				

在调研渠道方面，采用实地走访和网络调研的方式。在实地调研的过程中，通过走访上述地区的村委会、农民专业合作社以及村支部，调研当地农民的基本状况。在每一个样本地区选取 10～20 户作为样本，进行入户调查和信息归集。在调查的过程中特别针对样本地区的养老院进行走访调研，将此作为以机构养老模式进行社会养老服务购买的重点案例，确保调研数据的集聚性和参考意义。该部分数据一般也通过网络收集方式进行收集和反馈，以机构养老负责人所反馈的各类内容为依据。在调研的过程中，在家庭收入统计、家庭社会养老支付等方面也有一部分存在着数量残缺的状况，这给笔者的调查研究带来较大的难度。所以，调研数据与当地村委会和村支部的数据进行比对分析，确保调查中的问卷数据不与实际数据产生过大偏差，进而保障调研数据具有解释效用。在针对农户进行正式调研前开展了一系列的预调研，网络问卷是预调研的主要开展形式。该部分往往是村委会代为填写，之后反馈，并非对农户家庭所展开的入户调查。预调研中主要针对选取的调查方面进行尝试性调查，对于题目中表述方式不严谨、调查具有隐私性的方面进行调整和修改，保证被调查的农村老年人及家庭能够对调查的内容有更为精准的理解，将此作为实际展开调查的事前准备部分。在正式调查研究的过程中，笔者共走访了 50 个村镇的 365 户农户，最终收集了 338 组可用数据，具体的问卷信度和效度将在后文中进行详细验证。以下针对选取样本的各类分层状况进行归纳。

表 5-2 样本调研 PPS 抽样调查统计表

指标	分层	人数/人	指标	分层	人数/人
乡镇	乡	179	是否购买服务	是	215
	镇	159		否	123
性别	男	139	养老类型	机构养老	117
	女	199		家庭养老	221

续表

指标	分层	人数/人	指标	分层	人数/人
年龄	60～64 周岁	97	子女数量	1 个	64
	65～70 周岁	91		2 个	89
	71～75 周岁	86		3～4 个	138
	76 周岁及以上	64		5 个及以上	47
主要收入来源	社保	159	受教育程度	小学及以下	155
	商业保险	71		初中及中专	115
	子女	108		高中及大专	68
	自身劳动所得	93		大学及以上	67

对图 5－2 中的调查数据进行观察和归纳可知，本次调研在农村地区的乡级行政单位和镇级行政单位均选取了部分调研对象。53％的被调查者和家庭属于乡级行政单位的居民，47％属于镇级别的调查样本。在男女的性别比例上 59％的被调查者为女性（被调查者本身女性或是农村家庭养老的对象为女性），41％的被调查者或家庭供养对象为男性。在针对农户性别进行分类抽取的过程中，笔者发现农村的老年女性人口数量高于男性。其中可能具有三方面的因素：65 周岁以上老年男性外出务工；老年男性的寿命低于老年女性；农村地区老年男性和女性在人口比例上存在不均衡。男女数量差异对农村社会养老服务支付能力将产生一定影响。针对被调查老年群众的年龄样本分层状况进行归纳，可知不同年龄层的老年人口数量存在一定差别。针对其年龄层次的比例结构进行归纳，见图 5－1。

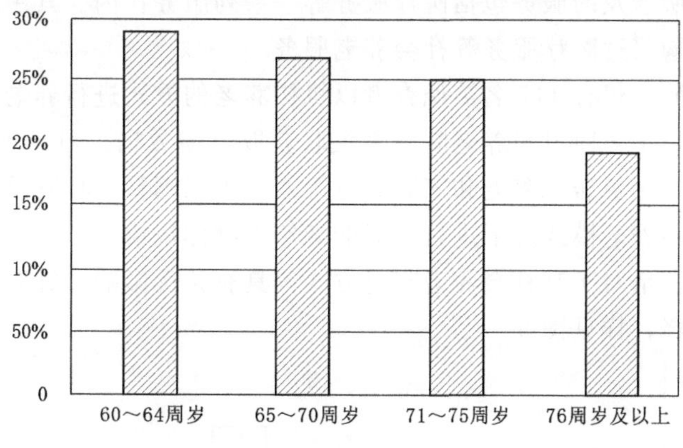

图 5－1　农村老年人口分层抽样年龄构成年比例图

不同年龄层老年人的比例状况有明显差别。其中，60～64 周岁的老年人口占比为 29％，65～70 周岁的老年人口占比为 27％，71～75 周岁老年人口占比为 25％，76 周岁及以上的老年人口占比为 19％。60～64 周岁年龄段的老年人口占比最高，65～70 周岁老年人口占比次之，该状况与黑龙江省样本调查地区老年人口的天然年龄比重状况和老年人口的寿命状况具有重合性。但 71 周岁以上老年人口比例高达 45％的现实也客观上说明了高龄老年人的存在是农村社会养老服务供给层面应当面对的重要问题。凸显了高年龄段老年人在农村养老的实际需求。

针对老年人的主要收入来源状况进行统计，各类来源的比例状况详见图 5－2。

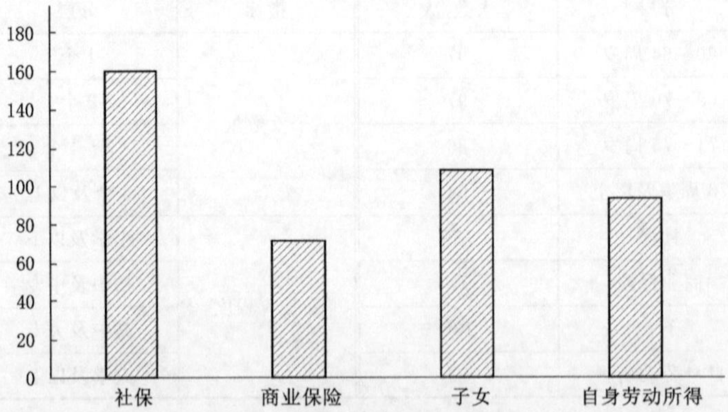

图 5－2 农村老年人口分层抽样收入来源统计图（单位：人）

以新农保等社会保险为收入来源的黑龙江省农村老年人在整体调研中数量最多。而以子女供养和自身劳动方式进行社会养老支付和其他养老支出的人数也在其中占有相当规模。不可忽视的是，随着商业保险的大力推行，被调查样本中有 71 名老年人的收入来源是商业保险，其中部分为子女选购了养老年金类的商业保险用于老年人的养老支付。商业保险作为支付来源大多出现在黑龙江省中心城市周边的农村地区，这说明个人来源的多渠道化或成为黑龙江省农村社会养老支付所表现出的新型特征之一。

在购买服务方面，215 名被调查者曾购买过类似服务，113 名被调查者没有购买过类似服务。本调研中所涉及的服务包括医疗服务等一系列服务在内。其中的 123 名被调查者虽然在现阶段并未购买过医疗服务等社会养老服务。

在养老类型方面，仅有 117 名被调查者以机构养老的方式进行养老，该部分老年人的数据收集相对容易，主要通过与养老院建立关联获取反馈数据。对于家庭养老的老年人，在调研的过程中为了避免居家养老和家庭养老等概念难以阐释，将其统一纳入家庭养老范畴中，方便归纳不同养老模式之下进行养老的老年人群体规模。

老年人的子女数量对于其社会养老支付方式等具有关键影响。针对老年人口子女数量的比例关系进行诠释，详见图 5－3。

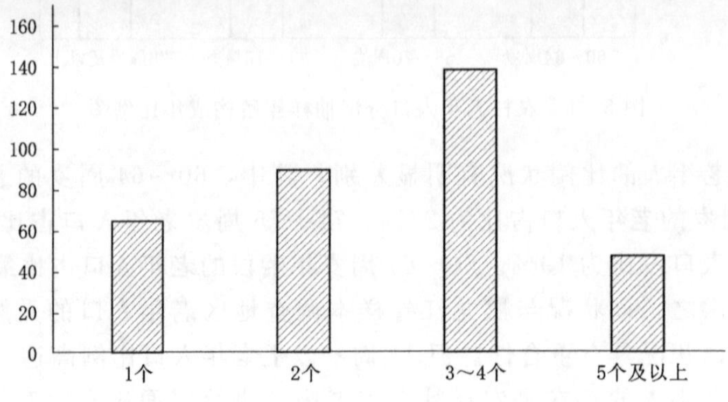

图 5－3 农村老年人口分层抽样子女数量统计图（单位：人）

子女数量为3～4个的农村被调研老龄人口的数量高达138个，说明绝大部分农村老年人口的子女数量相对较多。结合我国的计划生育政策施行的时间状况和黑龙江省被调研老年人口的年龄分布状况进行综合考虑，可知部分农村老年人家庭在计划生育政策的遵循方面程度不高，子女数量较多。但该方面因素客观上降低了家庭社会养老支付压力，而对于子女数量为1～2个的农村老年人来讲，其社会养老支付来源或受到一定影响。

从老年人的受教育状况来看，调研对象的基本状况详见图5-4。

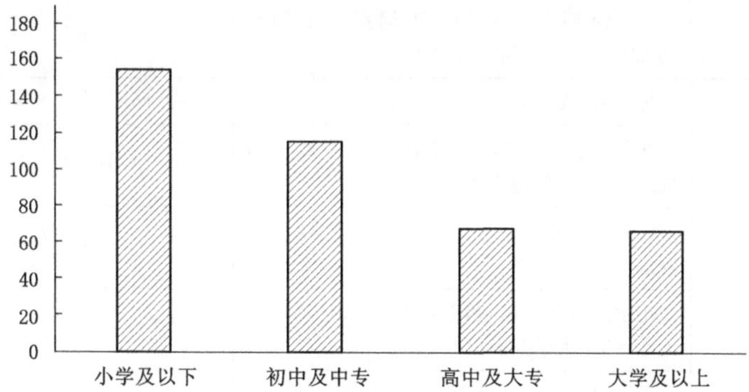

图5-4 农村老年人口分层抽样文化程度统计图（单位：人）

受教育程度在小学及以下的黑龙江省老年人被调查者规模为155人，初中以及中专学历者频次为115，高中及以上学历者总体规模为135人。以上问题说明黑龙江省农村老年人口的整体受教育程度依旧偏低，受教育程度的提升将极大影响老年人对于社会养老支付的认识性和意愿，并对老年人的社会养老金的观念产生一定的影响。

结合以上对被调研群体规模所进行的分类统计，以下将针对上述数据进行实证研究，探究黑龙江省农村社会养老服务支付的影响因素，分别从农村老年人内部以及社会养老支付的其他主体等多方面入手，提升对社会养老支付状况的考查力度。

5.2.2 影响因子筛选

在影响因子筛选中，结合黑龙江省农村社会养老服务支付中的各个支付维度，将影响维度依据命题划分为农村老人及家庭因素、政府及政策因素、非营利机构因素、市场化企业因素和农村村集体因素。各个影响维度下的影响因子具体构成状况见表5-3。

表5-3 黑龙江省农村社会养老服务支付的影响维度及影响因子

一级指标	二级指标
1. 农村老人及家庭因素	年龄、性别、健康状况、子女数量、受教育程度、邻里状况、配偶有无、自理水平、留守儿童、养老方式
2. 政府及政策因素	新农保支付水平、中央财政投入、地方财政投入、养老产业税收政策
3. 非营利机构因素	非营利机构补贴、非营利服务供给、非营利资本运作
4. 市场化企业因素	公有制企业作用、非公企业参与、养老产业规模、地产企业投入
5. 农村村集体因素	村集体土地政策、村集体转移支付、村集体组织运营

由表5-3可知，黑龙江省农村社会养老服务支付影响因素中共涉及5大项24个影响因子。结合笔者所指定的调研题目，具体的题目赋值方式具有一定差别。对于年龄、子女

数量等影响因子，以实际方式赋值；对于程度型的题目，依据李克特五点量表进行赋值。对于是/否类的题目，其一般为本书定量研究中的哑变量，依据哑变量的赋值方式进行赋值。具体赋值状况详见表 5－4。

表 5－4　　影响变量含义及赋值方式

变量名称	变 量 含 义	赋值方式	预期影响
1. 农村老人及家庭因素			
年龄	60～64 周岁＝1；65～70 周岁＝2；71～75 周岁＝3；76 周岁及以上＝4	＋	
性别	男＝1；女＝0	＋	
健康状况	非常不健康＝1；不健康＝2；一般＝3；健康＝4；非常健康＝5	－	
子女数量	0 或 1 个＝1；2 个＝2；3～4 个＝3；5 个及以上＝4	±	
受教育程度	小学及以下＝1；初中及中专＝2；高中及大专＝3；大学及以上＝4	＋	
邻里关系	非常不好＝1；不好＝2；一般＝3；较好＝4；非常好＝5	－	
配偶状况	有配偶＝1；无配偶＝0	±	
自理水平	能自理＝1；不能自理＝0	＋	
是否有留守儿童	是＝1；不是＝0	＋	
养老方式	居家养老（含家庭养老）＝0；机构养老＝1	±	
2. 政府及政策因素			
新农保支付水平	新农保支付梯级	李克特五点量表标准化	＋
中央财政投入	中央财政直接投入及转移支付比例	实际比率	＋
地方财政投入	地方财政直接投入及转移支付比例	实际比率	＋
养老产业税收政策	有税收优惠＝1；无税收优惠＝0		＋
3. 非营利机构因素			
非营利机构补贴	按实际数额折现与支付总额求比率	实际比例	＋
非营利服务供给	服务购买以货币折现	李克特五点量表标准化	＋
非营利资本运作	收益为正＝1；收益为负或无收益＝0		＋
4. 市场化企业因素			
公有制企业作用	公有制企业直接投入及转移支付货币规模	按实际支付比率	＋
非公企业参与	非公企业直接投入及转移支付货币规模	按实际支付比率	＋
养老产业规模	注册资本 1 亿元及以上＝5；5000 万～10000 万元＝4；2000 万～4999 万元＝3；500 万～1999 万元＝2；500 万元以下＝1		＋
地产企业投入	5000 万元以上＝5；2000 万～4999 万元＝4；500 万～1999 万元＝3；100 万～500 万元＝2；100 万元以下＝1		＋

续表

变量名称	变 量 含 义	赋值方式	预期影响
5. 农村村集体因素			
村集体土地政策	有=1；无=0		+
村集体转移支付	村集体转移支付比率	实际比率	+
村集体组织运营	是=1；否=0		+

依据表 5-4 中的赋值方式，基于此后将进行多元回归分析，在赋值中结合前文命题假设设定了预期方向。这是对本研究结论具有重要影响的部分。结合以上变量赋值方式和具体的抽样调研结果，将变量的描述性统计进行归集，详见表 5-5。

表 5-5　　社会养老支付影响因素描述性统计表

变量名称	最大值	最小值	均值	Stdev
1. 农村老人及家庭因素				
年龄	4	1	2.83	1.28
性别	1	0	—	0.37
健康状况	5	1	2.26	1.99
子女数量	4	1	3	0.83
受教育程度	4	1	2.17	0.92
邻里关系	5	1	2.38	0.82
配偶状况	1	0	—	0.83
自理水平	1	0	—	0.78
是否有留守儿童	1	0	—	0.97
养老方式	1	0	—	0.42
2. 政府及政策因素				
新农保支付水平	5	1	2.87	0.92
中央财政投入	0.34	0.11	0.25	0.26
地方财政投入	0.23	0.09	0.17	0.18
养老产业税收政策	1	0	—	0.29
3. 非营利机构因素				
非营利机构补贴	0.37	0.00	0.06	0.14
非营利服务供给	0.45	0.02	0.31	0.22
非营利资本运作	1	0	—	0.11
4. 市场化企业因素				
公有制企业作用	0.42	0.00	0.08	0.23
非公企业参与	0.26	0.00	0.02	0.17
养老产业规模	5	1	1.28	1.33
地产企业投入	5	1	1.32	1.98

续表

变量名称	最大值	最小值	均值	Stdev
5. 农村村集体因素				
村集体土地政策	1	0	—	0.09
村集体转移支付	0.54	0.00	0.06	0.12
村集体组织运营	1	0	—	0.88

基于表5-5可知，黑龙江省农村社会养老服务支付的各项影响因子的描述性统计状况相对稳健，标准差较为合理。从年龄段上看，老年人年龄段的李克特五点量表得分均值落在2.83，说明样本中老年人的整体年龄相对较高；从健康状况上看，该项均值为2.26，说明样本老年人各项身体健康状况尚可；从子女数量看，其均值落在3个，具有一定的供养能力，在现金支付和养老服务供给上的水平尚可；从受教育程度看，其均值为2.17，相对受教育程度尚可。邻里关系的均值为2.38，说明邻里在农村社会养老服务上具有一定的供给能力，可以发挥对社会机构养老程度不足的弥补作用，并可以承担部分农村社会养老职能，建立互助型社会养老机制。新农保的支付水平均值为2.87，其具有一定的替代性，但替代程度一般，黑龙江省农村老年人依据科学分析，应当具有多渠道的支付机制。中央和地方财政收入在支付中均值分别为0.25和0.17，亦即其整体支付水平为25%和17%，说明财政性养老投入的替代性相对偏低，个人和家庭支付在黑龙江省农村社会养老服务支付中占据主要地位。从非营利机构的补贴上看，其补贴水平为6%，服务供给水平以货币折算则高达31%，说明非营利组织以多种方式发挥对黑龙江省农村社会养老服务支付的作用，货币支付和非货币替代性支付均在黑龙江省农村社会养老服务支付中呈现明显作用。而从市场化企业的支付因素来看，公有制企业和非公企业支付比率的均值分别为8%和2%，整体替代水平一般。养老产规模的均值为1.28，发展程度有待提升，地产企业在黑龙江省农村社会养老服务支付中发挥作用的程度较低，均值为1.32。从农村地区的特殊性因素看，村集体转移支付的均值约为6%，最大值高达54%，但最小值为0。说明黑龙江省农村村集体在黑龙江省农村社会养老服务支付中的作用具有定的离散性，这是厘清农村社会养老服务支付问题的重要突破口之一。

5.2.3 主成分分析

基于黑龙江省农村社会养老服务支付影响因素相对数量较多，本书结合支付主体的属性进行了影响因素的归集。为详尽提炼黑龙江省农村社会养老服务支付中主要因素，并进而明确主要影响因素在黑龙江省农村社会养老支付中的影响性质和影响程度，清晰诠释影响黑龙江省农村社会养老服务支付水平的因子，以下将进行主成分分析，通过计算各项因子的特征值、方差贡献率和累计方差贡献率，提取因子平方和，提炼对于黑龙江省农村社会养老服务支付具有重要影响的因子。

主成分分析法亦即主分量分析，在损失较少信息的前提之下，以降维思想将多项指标转化为少数指标，用少数几个具体指标反映大量原始指标的信息，进而简化问题。其一般遵循以下步骤：首先，收集原始数据，本文原始数据中对于具体数值及量化部分，针对实际数值进行标准化以消除量纲；然后，计算样本标准化数据矩阵的协方差，进而用样本协方差代替总体协方差，计算特征值和向量，并依据特征值的大小进行排序；最后，计算主成分贡献率和累计贡献率，依据累计方差贡献率确定提取主成分的数量，一般要求累计方差贡献率不低于80%。具体结果详见表5-6。

表5-6　因子方差分析表

主成分	初始特征值			提取因子平方和		
	特征值	差贡献率/%	累计方差贡献率/%	特征值	方差贡献率/%	累计方差贡献率/%
1	2.35	14.50	14.50	2.35	14.50	14.50
2	2.28	8.72	23.22	2.28	8.72	23.22
3	2.11	8.17	31.39	2.11	8.17	31.39
4	2.02	7.26	38.65	2.02	7.26	38.65
5	1.98	7.11	45.76	1.98	7.11	45.76
6	1.92	6.88	52.64	1.92	6.88	52.64
7	1.88	6.03	58.67	1.88	6.03	58.67
8	1.72	5.22	63.89	1.72	5.22	63.89
9	1.69	5.02	68.91	1.69	5.02	68.91
10	1.57	4.98	73.89	1.57	4.98	73.89
11	1.02	4.57	78.46	1.02	4.57	78.46
12	0.98	4.02	82.48	0.98	4.02	82.48
13	0.78	3.89	86.37			
14	0.67	3.29	89.66			
15	0.51	2.98	92.64			
16	0.38	2.02	94.66			
17	0.29	1.87	96.63			
18	0.18	1.32	97.85			
19	0.11	1.26	99.11			
20	0.08	0.89	100.00			
21	0.00	0.00	100.00			
22	0.00	0.00	100.00			
23	0.00	0.00	100.00			
24	0.00	0.00	100.00			

依据表5-6可知在黑龙江省农村社会养老服务支付影响因素分析中提取12项影响因子。第12项影响因子的累计方差贡献率为82.48%，说明前12个因素基本能代表整体24个指标的变化状况。所以，提取前12项影响因子作为黑龙江省农村社会养老支付的影响因素。依据所提取的主成分，将因子载荷矩阵进行计算，详见表5-7。

表 5-7 主成分因子载荷矩阵

变量名称	1	2	3	4	5	6	7	8	9	10	11	12
年龄	0.277	0.475	0.577	0.588	0.341	0.378	0.488	0.477	0.846	0.473	0.786	0.339
性别	0.356	0.288	0.483	0.492	0.126	0.488	0.499	0.432	−0.378	0.377	0.376	0.473
健康状况	0.726	0.332	0.439	0.198	0.251	0.563	0.362	0.348	−0.853	0.345	0.776	0.281
子女数量	0.872	0.758	0.356	0.483	0.235	0.488	0.493	0.873	0.372	0.286	0.334	0.236
受教育程度	0.281	0.379	0.377	0.792	0.722	0.573	0.466	0.374	0.563	0.456	0.271	0.454
邻里关系	0.392	0.485	0.562	−0.825	0.267	0.599	0.393	0.542	0.487	0.376	0.283	0.763
配偶状况	0.773	0.847	0.764	0.364	0.472	0.783	0.461	0.672	0.283	0.402	0.475	0.572
自理水平	0.342	0.273	0.399	0.783	0.182	0.472	0.273	0.371	−0.913	0.376	0.543	0.369
留守儿童	0.455	0.586	0.477	0.627	0.365	0.399	0.476	0.734	0.877	0.462	0.625	0.573
养老方式	0.534	0.993	0.382	0.298	0.389	0.593	0.589	0.388	0.384	0.372	0.398	0.847
新农保	0.321	0.282	0.298	0.498	0.452	0.874	0.434	0.366	0.472	0.187	0.273	0.592
中央财政	0.284	0.384	0.497	0.392	0.752	0.688	0.563	0.473	0.835	0.263	0.472	0.389
地方财政	0.473	0.573	0.392	0.395	0.873	0.399	0.787	0.287	0.277	0.487	0.387	0.274
养老产业税收政策	0.388	−0.883	0.462	0.563	0.398	0.381	0.336	0.653	0.376	0.298	0.462	0.583
非营利补贴	0.378	0.423	0.599	0.893	0.299	0.384	0.794	0.282	0.674	0.352	0.371	0.462
非营利服务	0.276	0.488	0.535	0.477	0.162	0.589	0.882	0.381	0.582	0.384	0.374	0.398
非营利资本运作	0.583	0.684	0.584	0.492	0.372	0.382	0.473	0.837	0.383	0.362	0.673	0.487
公有制企业供给	0.393	0.384	0.781	0.478	0.389	0.377	0.498	0.776	0.273	0.398	0.271	0.573
非公企业供给	0.453	0.583	0.453	0.421	0.492	0.473	0.499	0.371	0.652	0.862	0.293	0.488
养老产业规模	0.387	0.773	0.266	0.281	0.387	0.489	0.922	0.365	0.376	0.398	0.573	0.391
地方企业投入	0.399	0.496	0.283	0.182	0.476	0.368	0.388	0.198	0.462	0.933	0.462	0.387
村集体土地政策	0.372	0.377	0.253	0.382	0.398	0.488	0.498	0.283	0.661	0.278	0.736	0.576
村集体转移支付	0.384	0.488	0.363	0.162	0.177	0.493	0.893	0.365	0.372	0.342	0.779	0.498
村集体组织运营	0.378	0.674	0.389	0.372	0.293	0.834	0.276	0.312	0.386	0.187	0.463	0.381

指标 1 中，子女数量和配偶状况的因子载荷值分别为 0.872 和 0.773，其对方差贡献率的作用程度最高，依据以上两项指标的属性，将该项主成分定义为家庭支付能力。指标 2 中，养老产业税收政策和养老产业规模的因子载荷值分别为−0.883 和 0.773，其对方差贡献率的作用程度最高，基于其与养老产业的发展相关，将该项指标定义为养老产业发展水平；指标 3 中，公有制企业供给的因子载荷为 0.781，其对方差贡献率的作用程度最高，将主成分归纳为公有制企业供给。指标 4 中，老年人受教育水平的因子载荷为 0.792，邻里关系的因子载荷为−0.825，以上两项对方差贡献率的作用程度最高，基于以上两项因素与社会性的高度关联，将该项主成分归纳为养老社会性。指标 5 中，中央财政和地方财政的因子载荷分别为 0.752 和 0.873，基于以上两项因素均是在财政方面对黑龙江省社会养老服务做出贡献，将该项主成分归纳为当地财政投入。指标 6 中，新农保的因子载荷为 0.874，其对方差贡献率的作用程度最高，将该项主成分归纳为新农保支付水

平。指标 7 中，非营利机构的补贴和服务支付的因子载荷分别为 0.794 和 0.882，其对方差贡献率的作用程度极高，将该项因子中的非营利机构属性加以归纳，可定义为非营利组织投入。指标 8 中，非营利组织的资本运营的因子载荷为 0.837，其对方差贡献率的作用程度最高，基于该项因子与非营利机构的直接支付和服务替代性支付在性质上存在一定差别，且考虑到我国颁行了《慈善法》的政策环境，将该项因素界定为慈善信托等资本运作，突出非营利机构资本运作的特征和产品的属性。指标 9 中，年龄的因子载荷为 0.846，健康状况的因子载荷为−0.853，自理水平的因子载荷为−0.913，是否有留守儿童的因子载荷为 0.877，以上四项对方差贡献率的作用程度最高，基于以上因素的需求导向，将该项指标界定为老年人养老刚性需求。指标 10 中，非公企业供给和地方企业投入的因子载荷分别为 0.862 和 0.933，以上两项因素对于方差贡献率的作用程度最高，将该项指标定义为地方性企业支付。指标 11 中，村集体土地政策和村集体转移支付两项的因子载荷分比为 0.736 和 0.779，这两项因素对方差贡献率的作用程度极高，将其归纳为村集体支付水平。指标 12 中，养老方式的因子载荷为 0.847，其对方差贡献率的贡献程度最高，将该项主成分界定为养老方式选择。以上提取了共计 12 项主成分，以下将针对其信度和效度进行检验，将其作为回归分析的前提和依据。

5.3 信度及效度检验

5.3.1 KMO 检测

通过对 5 个维度进行效度检验，将 5 个因素再划分为 12 个项目具体影响指标，对其进行方差最大正交旋转，对特征值超过 1 的因子进行抽取分析，通过 KMO 与 Bartlett 球形检验测定效度值。KMO 检验的过程中，依据不同的研究对象，量化区间的选取存在差异。作为探索性研究，一般来讲，当 KMO＞0.5 时即可进行因素分析。将上述 12 个因素进行 KMO 检验，KMO 检测值为 0.721，证明变量间相关程度无过大差异。Bartlett 球体检验中 Sig 值为 0.0000＜0.05，证明变量间取值具有相关性，各因素的影响因子之间具有共性因素，可结合定量数据进行定性分析。

5.3.2 克隆巴赫 α 系数检测

本研究为探索性研究，一般来讲克隆巴赫 α 系数＞0.5 即证明信度较高，对黑龙江省农村社会养老支付的影响因素进行检验的结果详见表 5-8。

表 5-8　　克隆巴赫 α 系数检测表

	因素指标	克隆巴赫 α 系数
黑龙江省农村社会养老支付水平影响因素	家庭支付能力（FCP）	0.687
	养老产业发展水平（POZ）	0.832
	公有制企业投入（POE）	0.673
	养老社会性（SOC）	0.804
	央地财政投入（CLI）	0.626
	新农保支付水平（NRS）	0.902

续表

	因素指标	克隆巴赫α系数
黑龙江省农村社会养老支付水平影响因素	非营利机构财务（NGO）	0.639
	慈善信托等资本运作（COS）	0.512
	老年人养老刚性需求（RDC）	0.645
	地方性企业支付（LEP）	0.846
	村集体支付水平（RLP）	0.678
	养老方式选择（CWC）	0.837
样本总体信度	0.893	

针对克隆巴赫α系数进行检测后可知，各项因子的可靠性系数在0.512～0.902，整体信度相对较高，上述12项因子可较好地诠释黑龙江省农村社会养老支付的影响因素，这是此后进行Pearson相关性分析和回归分析的重要基础。

5.4 相关性分析及回归分析

5.4.1 模型建构

建构回归模型时，结合不同主体的支付能力以及影响因素设计了回归模型，将此作为研究的依据，并突出不同支付主体对各项支付方面的影响水平，提升回归分析的精确性。研究中将SOP作为社会养老支付水平的衡量值，建构多元回归模型见式（5-1）：

$$\begin{aligned}\mathrm{SOP}=&\alpha+\beta_1\mathrm{FCP}+\beta_2\mathrm{POZ}+\beta_3\mathrm{POE}+\beta_4\mathrm{SOC}+\beta_5\mathrm{CLI}+\beta_6\mathrm{NRS}+\beta_7\mathrm{NGO}+\beta_8\mathrm{COS}\\&+\beta_9\mathrm{RDC}+\beta_{10}\mathrm{LEP}+\beta_{11}\mathrm{RLP}+\beta_{12}\mathrm{CWC}+\sum_{i=12}^{22}\beta_i\mathrm{Age}+\sum_{j=23}^{34}\beta_i\mathrm{Gender}+\sum_{k=13}^{21}\beta_k\mathrm{Chi}+\varepsilon\end{aligned} \tag{5-1}$$

在针对样本支付水平标准化均值进行统计后，可知黑龙江省农村社会养老服务综合支付水平在5点计量的标准化计算中得分为2.31，该项因素与农村老年人及家庭支付意愿的均值1.98整体偏离程度不高，支付水平偏低。结合以上多元回归分析模型，针对黑龙江省农村社会养老支付水平的影响因素，以下将运用SPSS 22.0进行相关性分析及回归分析，明确各具体因素对农村老年人及家庭社会养老服务支付的影响性质和程度。

5.4.2 相关性分析

进行相关性分析是验证以上因素是否存在多重共线性，是否适合进行回归分析的重要基础。针对其进行Pearson相关性检验，检验结果详见表5-9。

表5-9　相关性分析表

	FCP	POZ	POE	SOC	CLI	NRS	NGO	COS	RDC	LEP	RLP	CWC
FCP	1.000											
POZ	0.485	1.000										
POE	0.476	0.311	1.000									

续表

	FCP	POZ	POE	SOC	CLI	NRS	NGO	COS	RDC	LEP	RLP	CWC
SOC	0.354	0.182	0.463	1.000								
CLI	0.038	0.032	0.212	0.034	1.000							
NRS	0.123	0.221	0.003	0.078	0.342	1.000						
NGO	0.003	0.034	0.231	0.023	0.002	0.275	1.000					
COS	0.029	0.282	0.362	0.271	0.012	0.034	0.094	1.000				
RDC	0.012	0.452	0.003	0.374	0.362	0.047	0.098	0.059	1.000			
LEP	0.143	0.023	0.034	0.022	0.023	0.099	0.401	0.094	0.183	1.000		
RLP	0.321	0.121	0.056	0.034	0.203	0.248	0.042	0.037	0.056	0.088	1.000	
CWC	0.261	0.083	0.372	0.172	0.411	0.127	0.084	0.476	0.095	0.311	0.046	1.000

针对以上各项因子进行相关性分析，可知其相关性均在0.4以下，排除因子间存在多重共线性的可能，说明以上各项因子适合进行回归分析。下面将进行回归分析，诠释黑龙江省农村社会养老支付中各项因素对于其整体支付水平的影响性质和程度。

5.4.3 回归分析

运用SPSS 22.0进行回归分析，将回归分析中具有解释效力的因素归纳见表5-10。

表5-10　　　　回归分析表

模型	R	R^2	R^2 调整	标准估计误差	Sig. F
1	0.283	0.080	0.112	0.45532	0.000
2	0.326	0.106	0.126	0.54366	0.047
3	0.461	0.212	0.276	0.51526	0.009
4	0.517	0.267	0.287	0.48372	0.028
5	0.569	0.323	0.334	0.42634	0.068
6	0.647	0.418	0.425	0.54632	0.000
7	0.682	0.465	0.522	0.52412	0.281
8	0.712	0.506	0.562	0.46366	0.026
9	0.729	0.531	0.573	0.56352	0.084
10	0.732	0.535	0.558	0.37623	0.003
11	0.766	0.586	0.632	0.38873	0.000
12	0.837	0.700	0.712	0.45342	0.048

由表5-10可知，家庭支付能力的相关系数为0.283，相关性在1%的水平上呈现显著性，说明家庭总体支付能力越高，社会养老服务支付水平越高。社会养老产业发展水平的相关系数为0.326，与社会养老服务支付水平在5%的程度上呈现正相关，说明社会养老服务业的整体发展水平越高，农村老人及家庭的支付能力越强。公有制企业投入社会养老服务业的整体程度的相关系数为0.461，相关性在1%的程度上呈现显著性，说明公有制企业投入该项产业的整体资金额度越大，则黑龙江省农民及家庭的综合支付水平越高。

养老社会性的相关系数为 0.517，相关性在 5%的程度上呈现显著性，说明养老社会性程度越高，则农民和家庭越倾向进行社会养老支付。央地财政投入与社会养老支付水平在 1%的程度上呈现正相关，相关系数为 0.569，说明央地财政投入幅度越大，则黑龙江省农村社会养老支付水平越高。新农保支付水平客观上代表着农村参保群众及家庭的支付能力，其相关系数为 0.647，相关性在 1%的程度上呈现显著性，说明新农保的支付能力越高，农户及家庭的养老替代性越高，其整体支付能力越强。非营利机构投入与黑龙江省农村社会养老支付的相关系数为 0.682，但相关性不呈现显著性，从量化分析上来看，该项因素对于整体支付能力的影响程度不大，客观上说明了非营利机构目前在黑龙江省社会养老产业发展及综合指数中的作用程度不明显。慈善信托等资本运作的相关系数为 0.712，相关性在 5%的程度上呈现显著性，说明慈善信托等补充性社会养老支付形式对于黑龙江省农村社会养老服务支付能力具有一定的影响作用，其综合支付水平越高，则对家庭支付的替代性越高。老年人养老刚性需求水平与农村社会养老服务支付能力在 1%的程度上呈现显著性，相关系数为 0.729，亦即农村老年人的时候养老需求倒逼老年人及家庭提高支付能力，也说明了需求对于供给的影响作用。地方性企业支付在黑龙江省社会养老服务支付中也发挥着一定作用，其相关系数为 0.732，相关性在 1%的程度上呈现显著性，地方性企业的支付能力越强，则黑龙江省农村社会养老支付水平越高。村集体支付水平相关系数为 0.766，P 值为 0.000，相关性在 1%的程度上呈现显著性，亦即农村村集体在黑龙江省农村社会养老支付中发挥作用的程度越明显，则社会养老服务的总体支付能力越高。养老方式选择对于黑龙江省农村社会养老支付也具有一定的影响，其相关系数为 0.837，相关性在 5%的程度上呈现显著性，说明养老方式的选择对于黑龙江省农村社会养老支付也具有一定的影响，以机构养老作为社会养老的老年人方式相比于居家养老的老年人，整体支付能力越高。

5.5　本　章　小　结

结合黑龙江省农村社会养老服务支付的各个主体，本章针对其支付能力进行了定量研究。在研究的命题中，将养老支付维度划分为政府及政策投入、非营利机构投入、养老企业投入、村集体等村民自治组织的投入以及农村及家庭资金投入等几方面。在研究的过程中，结合命题中所涉及的各个主体类型及主体的细分状况，进行了调研，运用 KMO 检测和 Cronbach's alpha 检测验证了调研的诠释力度。此后，运用主成分分析法提取了与黑龙江省农村社会养老服务支付相关的因素，并明确了调研中不同维度和不同因子对于农村社会养老支付能力的影响性质和影响程度。为进一步保证回归分析的结果有效，进一步验证了回归模型的解释力度，全面验证了上述不同维度和不同因子在黑龙江省农村社会养老服务支付中发挥的作用。这部分内容是本书研究的核心内容，也是此后提出提高黑龙江省农村社会养老服务支付能力的策略的重要依据。

6 国内外经验借鉴与启示

6.1 英国农村社会养老服务支付模式经验借鉴与启示

6.1.1 经验借鉴

英国是城市化较早的国家，也是各项社会养老制度发展较为健全的国家，更是世界范围内较早建立全面社会保障制度的国家之一。截至 2017 年，总人口共计 6602.2 万人。人口老龄化问题是英国存在的重要问题，该问题从 20 世纪 30 年代开始逐步凸显，也是成为推动英国不断健全各项社会养老服务保障制度、优化养老服务支付模式的内在动因。从数据统计上来看，英国从 1985—2017 年的时间段中，65 周岁以上老龄人口的绝对数量和相对数量均有了显著提升，截至当前依旧有持续上升的趋势。该趋势伴以英国人口年龄中位数的上移，进一步印证了英国人口老龄化的普遍性。1985 年，英国 65 周岁以上老年人口的比例为 15%，总计 860 万人。近年来，英国人口老龄化的水平更是持续上升。截至 2010 年，65 周岁以上老年人口的绝对数量已经超过 1030 万人，在总人口中占比高达 17%[73]。截至 2017 年，英国老龄人口的比重高达 18.5%。沉重的人口老龄化压力是英国不断提高养老服务各项管理水平的动力，而人口老龄化问题也是我国目前应当不断优化各项养老服务支付体系的必然原因[109]。

英国在 1948 年建成福利国家，该制度也是西欧国家在 20 世纪后半叶所普遍尝试推进的制度。作为福利国家制度的发源地，英国的福利国家社会保障制度经历了一系列变革，并在社会发展的过程中不断完善与调整。其中，英国农村社会养老服务的支付模式就是英国在福利国家社会保障制度方面进行调整与优化的重要产物。从福利国家的发展沿革看，在英国等国家陆续完成工业革命和第二次工业革命，并通过海外扩张提高了生产力、实现了自身原始积累后，建立了较为完善的社会福利制度。从福利国家的资金供给来源来看，它由个人、社会与国家三部分所缴纳的资金构成。但是，福利国家的社会保障制度以及与此相伴随的社会支付制度等，均将强调公民的权利以及社会的公平分配作为制度发展与完善的依托。强调弱化社会阶层分化、缓解社会贫富矛盾、促进社会资源分配的公平与公正。

但是，基于英国社会固有特征，研究其农村社会养老服务支付模式的过程中应当明确，英国作为高度城市化的国家，城市化起步早、发展迅猛且城市化水平十分高。即便英国目前存在逆城市化现象，但其城市化水平依旧在 80%～90%，在各项养老服务的支付模式上，其在农村推行的各项制度与城市制度差别不大。就主要形式上看，养老院、护理押金、老年公寓、日间照护服务以及居家养老服务等均是英国重要的社会性养老服务方式，服务供给的主体一般是私营部门、社会组织等，政府在其中进行政策调控，其社会性养老机构一般以市场化方式运营。到2010年，其私人提供比例已经高达74%，政府主导的社会养老护理机构市场份额仅为16%左右。特别值得注意的是，基于英国高度的城市化特征，其社会性养老机构的城市性与农村性划分不明确。参与社会性养老的老年人，费用从20000～100000英镑/年不等，资金主要来源于老年人自身和社会养老机构其他市场性运营收入。英国的农村社会养老服务主要以“契约制”的政府购买机制为特征。政府测评社会养老机构的养老项目，检查项目质量、人员配置状况、服务标准等，成为农村社会养老服务的主要支付者[110]。

(1) 阶段划分。英国农村社会养老服务的支付阶段与整体国民在养老服务支付的变动历程相符合。第二次世界大战后国家干预经济的模式变迁以及英国福利国家制度变化使得其社会养老支付呈现出了阶段性特征：

第一，政府强力主导阶段。英国在第二次世界大战后进入到政府全面主导社会养老支付体系的时期。1942—1979年，凯恩斯国家干预经济成为英美等国家在第二次世界大战后全面恢复经济体系、提高政府政策性供给的理论基础，加大了政府在社会养老支付方面的倾斜力度，成为该阶段英国福利国家社会保障制度不断完善的依托。该阶段中，英国政府的强力主导性体现在三方面：其一，英国建立健全了覆盖全体国民的福利国家社会保障制度，强调社会养老服务覆盖的全面性，全体老年国民享有国家所提供的社会养老资金；其二，政府主导之下社会养老服务支付水平相对较低，无法兼顾普惠性原则和高水平追求，国家作为社会养老服务的支付主体，在战后经济尚未全面恢复的状态下，仅仅能保证老年国民对于基本生活保障的需求；其三，适度自主性，国家虽然建立了覆盖全体老年国民的养老支付体系，且政府在其中发挥主导性，但英国政府建立的老年个人养老福利账户依旧是突出老年国民自主选择性的体现，老年国民可以在国家和个人条件尚可的情况之下选择差异化的缴费水平，降低了社会养老服务支付的绝对平均性，为英国日后建立健全国家、企业与个人多元主体协同参与的社会养老服务支付制度奠定了基础[111]。

第二，政府监管转变阶段。政府逐步由主导地位转变到监管地位是世界石油危机以及英国财政危急不断蔓延的必然结果。福利国家制度中，政府在国立社会保障方面的高投入导致政府不堪其重。英国1970年进入经济危机与社会危机加深的历史阶段。该阶段中，GDP总值、增速以及人均GDP均降至历史最低水平。随着国内财政状况的持久恶化，英国在1971—1979年的财政赤字达到同期国民生产总值的5倍有余，国民失业率更是大幅度提升[112]。基于此，以撒切尔夫人为代表的保守党在1979年8月开始推行新自由主义福利国家改革。该阶段的特征在于支持资本主义发展、鼓励个人自由、调整福利国家的政府责任、提高市场在资源配置中的作用。基于保守党以上执政理念，英国政府在1979年后逐步转变角色，成为养老金支付制度的监管者而非主导者，并不断推进社会养老支付体系的改革，突出市场与个人在养老支付中的主体性。1986年6月公布的《社会保障改革》绿皮书、1986年12月颁行的《社会保障改革行动纲领》以及《社会保障法》成为保守党在社会养老服务支付制度改革方面的行动纲领和依据[113]，提出的三点内容是此后英国不断完善社会养老支付体系的基础：其一，提出收入关联养老金计划，制定退休人员养老金最高享受比例；其二，鼓励私人养老计划发展，实现福利国家与私人养老并轨；其三，设置社会基金，降低社会各阶层在发展中需要承担的风险，对老年人口具有重要作用。该阶段是英国不断反思贝弗里奇模式优劣性的历史阶段，也为英国在社会养老服务支付模式上将国家与私人部门共同作为支付主体的重要过渡阶段[114]。

第三，政府与社会相结合。1997 年后，英国前首相布莱尔所代表的工党成为英国的执政党。从 1997—2007 年，在布莱尔的执政时期中，坚持推进社会的全方面改革。工党在自由主义方面的信仰使其摒弃了以撒切尔夫人为代表的保守党对于社会公平分配的坚持，而认为应当有效引进市场经济，提高市场经济对国民各项制度的促进和刺激作用。同时，以布莱尔为代表的英国工党也反对全民福利制度，强调将福利国家与社会个人相结合，在社会养老支付上直接体现为将传统的福利国家制度转变为国家、企业与个人的联合支付。同时，注重引进证券、信托基金等金融工具，在社会养老支付上发挥作用[115]。

值得注意的是，无论是英国采取贝弗里奇模式推行社会养老，还是此后撒切尔夫人和布莱尔所推行的社会养老支付模式，其覆盖全体国民的社会养老支付或是农村居民社会养老支付均是与政党的执政理念和执政方式紧密联系。

（2）支付方式。

第一，国家养老金制度。无论在何种历史阶段中，国家养老金制度始终是英国在社会养老支付方面的主要内容。英国从 1946 年遵循贝弗里奇报告，开始推行福利国家制度起，其所建立的一体化社会养老支付体系的最重要产物即是国家基本养老金。英国的国家基本养老金制度无城乡差异，这也是本节在此不对英国的农村社会养老支付制度进行单独介绍的原因。无论城乡居民，都以同样水平享受国家基本养老金待遇。国民按照薪资的比例向国家缴纳税款，缴纳税款的比率按照时间的不同有一定变化。同时，低收入者不缴纳费用，这也是英国福利国家社会保障制度的凸显。从领取国家养老金的规定来看，年满 65 周岁的男性和年满 60 周岁的女性在缴纳十年养老保险金后可以全额领取国家养老金，养老金按额定水平给付，保障老年国民的收入不低于国家最低生活需求[116]。不同党派执政期间，养老金的给付水平有一定的变化，但基本上下浮动不大。此后，以撒切尔夫人和布莱尔为代表的保守党和工党逐步改变了英国传统的社会养老支付制度，但福利国家依旧是英国的基本社会保障制度。以下介绍撒切尔夫人和布莱尔执政和当前的社会养老支付制度变革。1979 年，撒切尔夫人对英国的国家养老金制度进行改革，增加了计算定额养老金的相关影响因子，将个人缴费年限和个人缴费总金额纳入到个人养老金给付水平的影响体系中，亦即规定了不同养老金缴纳年限和缴纳数额的个人，其养老金领取额度也呈现出差异。撒切尔夫人的改革要点在于降低老年人口对于国家的依赖，转而谋求替代力量介入到英国社会养老支付中。这使得私人养老金制度成为英国社会养老服务支付体系的重要部分。

第二，私人养老金制度。私人养老金制度分为两部分，一部分是与职业相关联的职业养老金制度，另一部分则是与个人缴费水平相关联的个人养老金制度。这两部分分别强调了市场与个人在居民社会养老服务支付中所发挥的作用。英国社会也分为公共服务部门和私人企业，归属于国家公职部门的人员由国家财政提供该部分资金，属于私人企业人员由企业雇主提供企业缴纳部分。但殊途同归的是，无论是何种职业性质，一般有三种养老金待遇模式，亦即薪酬确定型、缴费确定型与混合型。或是依照个人在职业中的薪酬，或是依照个人的缴费水平，或是两者同样纳入到考虑范畴中。各地区不同模式的缴费数额确定个人退休之后的养老年金。而个人养老年金则鼓励个人参与养老支付，一方面激励个人为领取高额养老金而提高储蓄和缴纳额度，另一方面也强调利用金融工具进行个人账户的运作与投资。随着英国在1986年颁行的《社会保障法案》中规定了该项制度，并在1988年推出该项制度，该制度在此后的几十年中得到了迅速发展。在英国不断拓展社会养老支付类型后，存托计划等金融工具也逐步成为了个人养老金账户管理工具。刘影春（2014）针对英国私人部门养老资产规模进行统计[117]，详见图6-1。

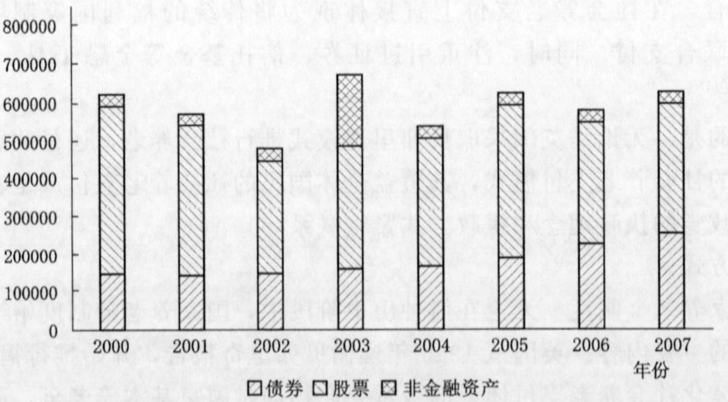

图6-1　英国金融工具养老支付规模图（单位：万英镑）

以上是英国城市以及农村社会养老支付体系不断完善的体现，更是英国尝试以多种方式进行社会养老资本运作的经验。以金融工具进行养老保险保障及支付是资本运营模式与养老保险制度的关联，也是我国值得借鉴的经验。

（3）支付特征。作为秉持福利国家社会保障制度的代表，英国的农村社会养老服务支付模式十分具有代表性。它一方面秉持了福利国家社会保障制度的传统特征，另一方面也结合英国社会与人口结构发展特征，而呈现出一定的针对性。英国农村社会养老服务支付模式呈现出以下几方面特征：

第一，政府主导性强。政府的主导性是福利国家社会保障制度的共有特征。英国政府主导农村社会养老服务的支付模式使得政府在公共养老基金的获取与运用、补充养老保险制度等方面均呈现出较强的主导性，使得英国政府在完善社会养老服务支付制度中的作用十分明显。无论是英国政府在1975年颁行的《社会保障养老金法》，还是在1995年颁行的《养老金法》，抑或是在2011年颁行的《养老金法案》等，均是英国在制度法令层面上提高社会养老服务支付水平的重要实践。

英国政府的有效主导也体现在探索多元模式、鼓励社会主体多参与社会养老上。福利国家的庞大开支给政府财政造成巨大挑战。基于福利国家社会保障制度对全体国民负责的特征，英国着力探索了公共部门与私人部门相结合的社会养老服务支付制度，有效缓解公共财政在养老服务支出方面的压力。在英国政府的主导之下，英国四分之一的国民拥有个人养老补充来源，在英国农村地区也是如此。至此，英国农村社会养老支付方式上结合国家与公民个人的支付模式成为福利国家在养老支付模式上的重要范例。以上说明英国政府在承担公共社会养老支付方面发挥作用的同时，也有效参与多元社会养老支付体系的建立与完善。这是政府主导性的体现，也说明了我国政府在探索农村社会养老服务多元支付模式上应当充分发挥沟通作用，丰富农村社会养老支付的供给来源。

第二，支付制度完善。英国福利国家社会保障制度的完善性为农村社会养老服务支付制度的完善提供了依据和保障。英国将国家与国民作为社会养老支付来源，建立了多层次的农村社会养老保险支付制度。在国家层面上，国家养老金保障了老年国民养老所需的物质基础，而伴随着老年人口对差异化养老制度和养老水平追求的不断提升，私人参与农村社会养老也成为英国养老金制度的重要补充内容。在资金的来源中，国家、企业主体与个人共同在架构并完善农村社会养老制度体系时发挥了独特作用，国家是农村社会养老支付的主体，企业成为资金支付的重要来源，个人成为体现农村社会养老服务支付差异性的权重因子。三方有机结合，多主体共同完善养老支付体系，有效缓解了国家公共财政在社会养老支付方面的压力，又避免了单一主体在养老支付上负担过重而降低养老质量。这种相辅相成的社会养老支付制度成为我国应当效仿的重要范例，为我国丰富农村社会养老支付体系、提高国家与农民个体在支付中的参与性提供了有效借鉴，也充分说明了制度的完善性是农村社会养老服务支付体系得以健康运转的前提[118]。

第三，支付水平较高。英国社会养老服务支付水平较高的原因在于支付体系的完善性以及支付主体的多元性。从支付体系上看，英国社会养老支付体系由国家基本支付、企业支付、个人支付三部分构成。从支付方式上加以划分，国家财政在支付最低养老金以及储蓄补贴方面发挥主导作用，以现收现付制进行支付；从企业及个人层面上的支付方式上来看，职业养老金以及个人养老账户采用基金制度，以个人养老计划、职业养老计划等方式筹集资金进行社会养老服务支付。以上支付使得英国全体老年人口在进入老年阶段后，其整体收入水平不低于国民平均收入的70%～75%，老年人口的生活水平和收入水平无明显下降。这有效弥补了单纯国家支付的不足，提升了社会养老服务的支付力度，保障了农村老年人口的基本生活水平，成为我国在农村社会养老以及全体国民社会养老支付方面可以借鉴的范例。但是，英国养老金的支付规模也呈现了下降趋势，针对英国基本养老金的给付水平和替代率进行统计，详见表6-1。

表6-1　英国养老金周薪及替代率情况表

年份	养老金构成类别		养老金替代率/%
	基本养老金/英镑	国民收入/英镑	
1979	23	89	25.84
1982	32	136	23.52
1987	39	198	19.69
1992	54	304	17.76
2002	75	464	16.16
2010	92	659	13.96
2015	105	824	12.74
2020	118	1029	11.46

这反映出了当前英国养老金管理制度和支付机制有待调整的特征，也客观上说明英国社会养老保险制度发展到一定阶段，有待进一步完善与调整。

第四，自主性与差别性。自主性与差别性是突出国民平等性并尊重国民自主个性选择的体现。即便英国采取福利国家社会保障制度，并强调国民的公平性与普惠性，国民对于自身养老质量和养老资金的追求也具有主动性，国家具有保护公民自主个性和养老质量的职责。所以，英国在提高普遍养老待遇水平的前提之下，降低了国家对养老支付以及个人养老收入的干预性。以职业养老金制度和个人养老基金独立储蓄制度作为国家养老支付制度的补充制度，体现国家对于个人选择的尊重，在发挥政府责任的同时，保障公民在养老服务支付方式和支付水平上的个性需求。

6.1.2 启示

（1）保持政府的主导性。国家财政在支付最低养老金补贴和储蓄补贴方面发挥主导作用。实行国家养老金制度。低收入者不缴费，政府进行补贴。

（2）实现需求自主化和差异化。体现农民社会养老服务的个性化需求，突出社会养老服务支付制度的差别性与变动性。设计更多级别的缴费标准，农民根据自身需求和支付能力选择适当的标准。尝试将商业保险等多元化资金来源渠道融入社会养老服务支付体系中来，丰富农村社会养老服务支付来源。促进城乡一体化进程。

6.2 美国农村社会养老服务支付模式经验借鉴与启示

6.2.1 经验借鉴

美国是世界著名的邦联制国家，依据 2017 年的数据统计显示，其整体人口 3.257 亿人，是世界的人口大国。美国与本章所研究的德国、英国以及日本等具有较为明显的特征，其多族裔的民族构成状况以及历史发展沿革使得传统的社会保障理念和社会管理模式在美国遭遇重重挑战。所以，美国的社会养老保险制度以及农村社会养老服务的支付问题具有制度创新性质，也是我国作为统一多民族国家可以借鉴的重要范例。

即便美国依旧是目前世界第一经济大国，人口老龄化问题也逐渐成为限制美国经济社会持续发展的隐患。依据美国人口普查局对近 60 年来，65 周岁以上人口在整体国民中所占比例所进行的调查显示，1959 年，该年龄段人群在美国整体年龄构成中所占比例仅为 9.08%[119]，美国第二次世界大战之后的婴儿潮等提高了新生人口在整体人口中所占的比重，使得整体美国人口中位数偏低，为社会的持续发展提供了不竭的动力；1969 年，65 周岁以上人口比例上升到 9.96%，并在 1970 年突破 10%；截至 1989 年，该比例已经高达 12.46%；1999 年，该比例为 12.39%，有了一定程度的下降；但随着近年来美国新生儿比率的降低以及老年人口寿命的持续增长，美国 2017 年 65 周岁以上老年人口在全体国民中所占的比例已经高达 15.41%[120]。虽然该比率在本章所介绍的发达国家中并非高居前列，但也客观上说明人口老龄化问题或成为目前限制发达国家与发展中国家持续发展的因素。

美国的农业人口状况和农村土地所有制状况是美国农村社会养老服务支付模式的重要影响因素。从土地所有制来看，美国的土地所有制分为私人所有制、联邦政府所有制以及州政府土地所有制。美国东部土地多为私人所有制，在美国整体国土面积中占比 58%左右；西部土地主要为联邦政府所有制，在美国土地面积中占比 32%左右，其余土地为州政府所有制。美国的土地所有制较为自由，在农业土地所有制方面也是如此。同时，美国土地流转制度的市场化水平相当高，使得农民与土地分离的程度较为明显，土地所有制和土地经营形式是美国农村社会养老服务支付模式的基础，也是美国与其他国家在该支付方式上呈现出明显差异的根本原因[121]。

(1) 演进历程及模式。美国的农村社会养老服务支付模式经历了一定的历史时期和阶段演变。美国在 1935 年开始建立了传统的养老保障制度[122]，在 1929—1939 年的经济危机时期，美国推行罗斯福新政，尝试建立具有现代性的社会养老服务保障制度。从供给端入手，全面提高社会养老服务支付方式的现代性；在第二次世界大战后，美国逐步健全现代养老保险制度，杜鲁门统治时期提高政府在养老方面的财政投入；在 1960 年前后，美社会保障事业的飞速发展，并进行养老保障制度的全面改革，1983 年建立的社会保障信托基金制度成为影响到美国当前社会养老服务支付模式的重要制度基础[123]。

具体到农村居民的社会养老，无论是美国整体社会养老，还是农村居民养老、养老院等方式均是其可选模式。公立养老院与私人养老院均是其重要的社会性养老机构。公立养老院每月开支 500 美元左右，私人养老院每月开支 300～400 美元[124]。政府对公立养老院进行补贴，私人养老院则由居民自个人承担主要部分。基于美国农业人口数量较少的现实，其社区养老作用程度不高，是针对性较弱的支付机制。

(2) 支付来源。

第一，联邦退休金制度。该制度是由美国政府所主导的全民基本社会养老保障制度，也是具有福利性质的保障制度。社会保障税是美国国民需要缴纳的重要税收类型，这也是继美国个人所得税之后，由联邦政府所主导征收的重要税收类型。制度要求按照个人的薪酬，以一定的比例进行代扣代缴。该税种在美国财政部确认后，所征缴的金额由美国社会保障署审定，设立基金并进行运营。美国社会保障税的税率由国会批准进行动态调整，该税率在 1980—2005 年经过了无数次调整[125]。在个人薪酬收入中，税率从 1980 年的 10.16%到 1990 年的 12.4%，再到 2005 年的 12.4%，经过了较大程度的波动。依据个人税收幅度和个人薪资的正相关关系，薪酬越高的员工所缴纳的社会保障税额越多，其退休后所领取的联邦退休金数额也越高。但是，为避免美国国民工作期间的税收额度过高或是退休后的贫富差距过大，联邦政府制定了应税工资的上限，该上限在 2006 年为 9.42 万美元，满 5 年上升到 11.85 万美元[126]，应税额度的计算方式为缴纳上限乘当年的缴税系数。

退休金的给付与国民的实际退休年龄相关程度较高。在缴纳十年费用后，国民退休后可按月领取联邦退休金。若依照法定年龄退休，则可依据联邦法律全额享受退休金；若不足法定年龄退休，则依照每月 0.56%的比例依次减少领取额度。该制度的优越之处也在于鼓励美国国民退休后继续从业，这是美国有效应对老龄化社会劳动力不足困境的制度设计。

第二，企业年金。该类别对于美国农业人口的社会养老服务状况影响较为薄弱，在此仅简要介绍。该项是 1978 年《国内税收法》中第 401 条员工的规定，政府机构、企业以及非营利组织等需要为雇员建立账户以享受税收优惠[127]。该种制度对于美国的兼业农民具有重要影响作用，并对职业化雇用农民此后的社会养老资金产生补充作用。在401K账户的管理方式上，账户资金归雇员所有，由制定基金公司管理运营。在给付方式上，户主退休后可以一次性或是分期领取账户金额；一旦不领取，则需缴纳一定的税款。该种方式也是美国变相刺激消费的手段。

第三，个人退休计划。该种方式是美国鼓励个人建立储蓄账户养老，联邦政府通过税收优惠方式激励个人参与养老的制度。该制度在美国农村社会养老服务供给中也发挥了重要作用，成为美国农村居民适用的重要养老供给形式。该种方式实际上是储蓄行为，其覆盖的国民可运用账户资金进行运作和投资，但不能从账户中取出本金或是转账。在个人退休之后，可领取并使用账户资金，一旦不取用账户资金，则须缴纳税款。该种方式也是美国常见的鼓励消费方式，也是刺激经济发展的一种模式。

(3) 支付模式评价。美国的农村社会养老服务支付模式与其他国家在历史背景和发展特征上具有一定的相似性。随着美国老龄化社会的持续推进，养老保障支出问题成为影响美国社会持续发展的重要因素，美国社会养老服务支付模式上体现出以下特征，均是值得我国借鉴的重要内容。

第一，健全的法律体系。无论是美国颁行于罗斯福新政时期的《社会保障法》，还是1974年颁行的《雇员退休收入保障法案》等，抑或是1978年开始的《国内税收法》计划等，均是美国将养老产业推向市场，以市场运营该产业的体现。较为健全的立法让美国养老产业的运行合理化，使得无论是其农村国民还是城市国民，均可以按照正常的方式获取养老金，发挥社会对养老产业的保障作用。

第二，多层次养老支撑。美国在各方面的发展与后文阐述的日本具有一定的相似之处。政府主导的联邦退休金制度是美国第一个层次的社会养老制度；企业主导、企业与雇员共同出资的年金制度成为美国社会养老制度的补充部分，该方面内容在农业人口中体现极少；第三个层次是个人自愿参加的完全储蓄制的个人退休金计划。以上三个层次共同支撑美国国民的养老需求并且相互配合，彼此之间不具有替代效应，从三方面入手，提高美国国民的退休生活水平。但是，以上"三支柱"制度是建立在政府、企业与个人三方相互作用的基础上。

第三，费用共担的机制。在农村养老中，虽然企业年金和雇员退休制度等对于老年人的作用力度较低，但仍不可忽视的是，其多结构的社会养老费用共担机制是提高美国养老市场化运行水平、提升养老基金征缴水平的方案。《社会保障法》中征缴的社会保险税，个人退休计划中所储蓄的金额等均是农村居民在此后参与社会养老的重要资金基础。

6.2.2 启示

(1) 多主体承担养老支付职能。政府、企业与个人共同承担社会养老服务支付职能。这种制度尤其对于兼业农民更适用。黑龙江省农村地区青壮劳动力外流，成为兼业农民。这种模式对黑龙江省设计兼业农民社会养老服务制度有重要启示。

(2) 健全的法律体系。健全的法律体系和规章制度是农村社会养老服务支付机制的依托和保障。保障农民在相应条件下获取养老服务的权力，同时承担缴纳费用的义务。

6.3 德国农村社会养老服务支付模式经验借鉴与启示

6.3.1 经验借鉴

德意志联邦共和国是欧洲的工业强国。2017 年的 GDP 高达 35954.06 亿美元，德国人口共计 8269.5 万。德国是世界上养老问题较为显著的国家，人口老龄化已经成为威胁欧元区经济长效发展的隐患，对于联邦德国更是如此。德国人口老龄化问题体现在两点，一是 65 周岁以上老年人口所占比例高达 20%，二是人口数量和生育活性的持续衰减[128]。依据统计资料显示，德国当前育龄女性的生育率不足 2%，预计到 2019 年，德国 60 周岁以上的老年人口数量将超过 30 周岁以下年轻人的整体数量，这成为影响德国经济持续发展的关键因素。德国作为福利国家的代表之一，将提高老年人口的社会保障水平作为应对人口老龄化的手段。德国从三方面入手，提高对老年人口的保障力度：其一，德国建立了延迟退休制度，将传统 65 周岁退休制度延迟到 67 周岁[129]；其二，向青年人口征税，缓解政府的养老压力；其三，进一步完善社会养老支付体系，以完善的福利国家社会保障制度抵御人口老龄化对国家持续发展所造成的威胁。

具体到农村社会养老支付体系上，联邦德国作为世界上重要的农业大国，农村人口的社会养老支付制度相对健全。但就绝对数量来讲，德国高度的工业化发展水平使得农村人口在全国总体人口中所占比例相对较小，目前全国从事农业生产活动的人口为 130 万～150 万人，在整体国民中占比为 1.5%～1.8%。但与英国不同的是，德国虽然城市化水平以及工业化水平十分高，德国的土地私有制和农业产业政策，以及农村资产的所有制性质决定了它具有与农业人口相适应的社会保障制度和农村社会养老支付体系[130]。这是本章选取德国作为研究范例的重要原因。

（1）制度缘起及途径。德国农村社会养老服务支付制度在经济学基础、制度背景以及发展阶段上呈现出一定的特殊性。制度设计依据的经济学依旧是凯恩斯主义的国家干预经济。强调国家推行全民社会保障制度对于稳定社会经济发展、降低国民贫富差距、提高社会各个主体发展协同性的作用。德国作为第二次世界大战的战败国，战争的溃败和经济濒临崩溃的现实使得德国亟待统筹全国各项资源，促进经济的恢复与发展。所以，强力政府的作用被凸显并得到认可，政府发挥主导性统筹各项社会资源、促进各项生产资料的优化配置、建立一体化的社会保障制度成为德国战后发展的主要基调。

这种经济发展模式是由联邦德国新自由主义代表人物路德维希·艾哈德提出的。随着艾哈德在 1949 年由时任联邦德国总理阿登纳任命为联邦经济和劳工部长，并在 1957 年和 1963 年依次当选为国家副总理和总理[131]，该制度成为德国在财政危机前具有贯穿性的社会保障制度依托。德国社会市场经济发展的特征是德国社会养老服务支付体系设计的内在动因，包含以下三方面特征：其一，市场经济对于调节社会资源配置有一定的效用，社会市场经济不否定市场的基础性作用；其二，国家对某些领域实现有效地调节和干预，充分把控国民经济发展的方向，但不影响企业的经营发展；其三，政府有效规避市场经济发展所造成的贫富悬殊和社会资源分配不公平问题，在经济发展时兼顾人道主义。新自由主义者所坚持的社会市场经济理念成为支配联邦德国不断建立健全农村社会养老支付体系的内在动因[132]。

德国的农村社会养老服务支付制度可以结合不同的历史时期进行划分。第一阶段是福利国家的建设阶段，第二阶段则是德国步入老龄化社会之后的调整阶段。

第一，福利国家的建设阶段。德国在第二次世界大战之后，随着国民对于社会保障需求的不断提升，德国在百废待兴的历史阶段中尝试建立覆盖全体国民的社会保障制度，推行与英国相类似的福利制国家社会保障制度。德国政府在 1967 年所颁行的《促进经济稳定与增长法》将发展经济、稳定货币价格和市场价格体系作为该阶段发展的要旨。该阶段推行覆盖全体城市和农村国民的福利国家社会保障制度，主要是为全体国民营造平等环境，提高国民在国家经济恢复发展时期的凝聚力，激发人民的生产积极性，强调国民各个生产部门之间的有效配合与通力合作。

第二，步入老龄化社会之后的调整阶段。德国进入人口老龄化社会以及其不断解决历史遗留问题后，在欧洲经济整体步入发展滞胀时期的历史阶段中，联邦德国逐步结合社会发展的现状调整了养老服务支付制度。该阶段中，德国国民经济各个部门得到恢复与发展，但经济发展的内在驱动力不足，经济进一步发展的潜力十分有限。福利国家成为该历史时期影响德国经济高速发展的因素。所以，德国此后尝试推进社会养老支付体系的全面调整改革，充分发挥社会力量，降低政府在社会养老服务支付方面的主动性，提高了市场主体在德国城市以及农村社会养老服务支付中发挥力量的程度。从当前德国的社会养老途径上看，养老途径以养老院为主，该种方式在德国农村也有一定的覆盖。依据统计显示，德国现存养老机构共计 1.24 万家，其中 54%左右的养老院为慈善机构创办，40%的为私人养老院，其余为公立养老院。慈善机构开设的养老院一般由社会组织与个人投资，公立养老院由政府财政与参与养老的个人共同出资，私人养老院则由私人出资[133]。以下将着重介绍其农村社会养老服务支付制度设计情况，并归纳其特征。

(2) 制度设计。研究德国的农村社会养老服务支付制度，应当首先明确德国在社会养老保障制度方面的整体架构。德国的社会养老体系包含企业雇员的养老保险系统和独立经营者养老保险系统，农村社会养老服务支付体系属于独立经营者养老保险系统中的农村养老保险系统。但是应指出的是，基于德国的农村土地所有制度，其农业人口分为自有土地的农业人口和从事农业劳动的雇员。但是，德国农村社会养老支付体系从属于独立经营者养老保险系统，也就意味着农业生产中的雇员并非其社会养老服务的覆盖对象，亦即德国的农村社会养老支付制度所对应的是土地自有的农业人口。

基于德国的家庭生产模式以及德国在 1995 年所出台的《农业社会改革法》的规定，农村社会养老对象包括拥有土地的农业人口、配偶及子女等家庭成员，突出家庭是德国农业生产的基本单位。前文阐述了德国农村人口在整体人口中所占的比重，说明农业人口在德国整体人口中的比重较低。所以，德国长期以来面临着农村社会养老支付缺位的问题。故而，德国农村社会养老服务支付体系的发展时期较短，而传统的农村养老主体一般是家庭。该方面与黑龙江省以及我国的农村养老方式有较大的共性。但深入来看，德国从 1957 年开始逐步建立农村社会养老支付体系，实际上受城市化的影响程度十分深远。德国农村社会养老服务支付机制的确立具有一系列的法律铺垫，其中包括颁行于 1951 年的《农民养老保障法》以及出台于 1957 年的《农民老年援助法》。上述制度法令标志着德国社会养老服务体系的最终确立。

从资金筹集和支付模式上看，政府财政补贴以及农民个人的参保金额成为德国农村社会养老服务的主要支付来源。农民所缴纳的保费与其自身的经营规模、收入特征等不相关联，而是依据农场的价值和税收乘缴费系数。德国政府在农村社会养老支付中的主体性是研究中应特别注意的问题。现收现付制的特征在于依据开销确定缴纳额度，而一旦开销过大，当期缴纳保费不足以覆盖农村社会养老服务支出，则政府应当以补贴形式或其他形式补足该部分费用。从整体上看，德国政府在农村社会养老服务支付中占最大比重，即便农户依据政府要求缴纳保费。但由于德国农业人口规模较小，且农业总产值在国民经济中较低，这使得政府无法过多将农民自身作为农村社会养老服务的资金来源。取而代之，政府财政开支在其中扮演最重要的角色。依据统计，联邦政府财政在德国农村社会养老服务支付总额中占比为66%～70%，这进一步说明了德国政府在社会养老服务中的参与性。

德国的农村社会养老保险的领取方式是年满65周岁的男性和60周岁的女性在缴纳15年的保险金后可以领取养老金。对于提前退休者，依照一定的比例减少养老金领取额度。同时，德国农村社会养老保险的养老金呈刚性增长，这是德国在不断健全农村社会养老服务供给体系后所取得的成果。从整体给付水平来看，基于德国不同党派对于保障农民最低生活标准的论证，其整体农村社会养老金的给付标准为50%～67%，且随农村社会养老金领取者的婚否、健康状况等有所调整[133]。

德国人在农村社会养老服务支付管理方面呈现出独有特征。无论是我国，还是英国等国家，一般由政府负责管理养老金中的公共部分，亦即国家养老金，而由社会负责养老金的其他部分。但是，德国的创新之处在于成立非政府组织进行农村社会养老金的管理。具体来讲，德国成立了农民养老保险经办机构，该机构划分为联邦和州的不同管理层次，由全国层面的联合总会负责农村社会养老服务基金的管理和运行工作。该组织一方面具有调度和管理社会养老服务资本的功能，另一方面也具有监督职能。它所具有的独立职能取决于人事管理制度的合理性。董事会和监事会等由地方选派的人员构成，联邦德国对于农村社会养老服务支付额度、支付方式、现收现付依据等所进行的调研结果，结合联邦在社会养老服务供给方面的立法和监督制度，统一进行农村社会养老服务支付基金的管理。这种具有独立性的第三方机构有效充当了政府和德国农民之间的沟通中介平台，也进一步说明制度上的优越性是德国福利国家农村社会养老保险制度的保障。

(3) 支付体系特征。

第一，制度设计完善。德国农村社会养老服务无论是在立法上，还是在制度的设计与运行上，都十分完善。在横向上，德国的农村社会养老服务支付体系在国家、农场、企业与个人方面实现了协调，将多元主体纳入到支付体系中，通过立法提高了各个主体在支付比率、支付方式等问题上的融通性，将建立健全农村社会养老服务支付机制作为提高农村社会养老服务覆盖水平和服务力度的前提。在纵向上，德国联邦政府在法律法规上也实现了有机统一。在农村社会养老支付的法律法规纵向体系上，联邦政府和地方政府有效协调了法律制度，建立了具有覆盖性的联邦德国社会养老支付法律法规。这是其支付主体在支付过程中的重要参照，更是提供农村社会养老支付规范性的依据。该方面问题为黑龙江省乃至我国建立健全农村社会养老支付方面的法律体系提供了一定的参照，也说明制度上的完善是提高社会养老支付水平、稳定社会养老支付体系的前提。

第二，兼顾效率公平。德国此前的社会市场经济发展模式为农村社会养老支付兼顾效率与公平奠定了制度理念上的依托。作为推行福利国家社会保障制度的代表，德国的农村社会养老服务机制核心在于解决农村老人及家庭的生活问题，提高对于该部分社会弱势群体的重要程度，建立全国风险共担的农村社会养老服务供给机制，提高农村老年群众分享国民经济发展成果的水平。但是，联邦德国作为经济高度发展的工业国家，其农村社会养老服务并非单纯为保障农业人口养老问题的制度，这更是德国土地所有制改革的伴生物。唯有提高了对农村老年人口的社会保障水平，才能使得老年国民降低对于农场的依赖程度，充分激活农村劳动力发展潜力，促进农村劳动人口的更新换代，推进农业产业的结构性调整与发展。

第三，主体参与充分。德国农村社会养老支付制度的运行中各个主体的参与较为广泛。无论是政府、农民，还是社会组织，均有一定的参与性。为了在农村社会保障中有效厘清农业人口、政府之间的关系，德国设立了农村养老服务支付专门机构，采用专业化的管理模式，对资金进行管理。

第四，资金供给充足。充足的资金供给是德国在农村社会养老服务支付方面的特征，更说明了政策性供给对于优化农村社会养老保险支付体系的基础性作用。德国通过立法，将农村社会养老服务支付项目、支付比例、支付方式等加以规定。但是，德国制度的优越性体现在充分考虑支付额度的影响因素。农村社会养老制度体系与城市存在较大的不同，农产品市场价格、农产品收成等不可控因素对于农民的收入水平影响十分深远。同时，农业作为德国经济发展的基础因素，且基于农村人口在德国整体人口中所占比例较低的现实，德国仅仅规定农民需要缴纳额定的养老保险金，而国家承担其主要部分。联邦德国政府对于农民养老保险金的补贴比例高达65%以上[134]，政府充分结合农业经济的脆弱性以及农村人口群体的规模，通过向农业和农村人口在社会养老服务方面提高支付补贴比例，提高政府对农业和农村经济的倾斜。该方面与我国国情呈现出较大的不同，与黑龙江省现实情况也有较大的差别。

6.3.2 启示

（1）通过农村社会养老支付机制降低农民对土地的依赖程度。提高农村社会养老保障水平，降低农民对土地的依赖程度，从而促进产业结构调整与发展。兼顾效率与公平。

（2）成立专门的资金管理机构，提高社会养老服务资金管理水平。这是政府充分发挥作用的表现。专门机构采用专业化的资金管理模式，提高对多渠道筹集资金的管理水平，成为政府和农民在社会养老服务支付方面进行沟通与协商的桥梁。

6.4 日本农村社会养老服务支付模式经验借鉴与启示

6.4.1 经验借鉴

日本作为岛国，本州、四国、九州以及北海道连同其附属岛屿面积共计37.8万km^2。依据日本统计局与统计中心数据显示，日本总体人口数量约为1.268亿人，是世界上人口密度最大的国家之一。日本的人口老龄化问题以及农业人口占比较高的现状使得其建立健全有效的农村社会养老服务支付体系具有极大的必要性，这也是稳定日本社会的制度基础和保障机制。依据粗略统计，日本整体人口中约25%的人口为65周岁以上的老年人，其75周岁以上的老年人口更是在全国占比高达12.5%。90周岁以上的老年人口整体数量突破了200万人[135]。以上现状说明日本老年人口的整体年龄中位数偏高，总体近500万人的老年人口中90周岁以上的老年人口高达200万人，说明其老年人口的平均年龄和年龄中位数或在75～80周岁区间内。日本人口老龄化问题产生的原因有两点：其一，生活方式使得日本国民平均年龄较高；其二，日本较低的生育率导致其国家整体年龄结构失衡。依据统计显示，日本在婚育年龄和超过婚育年龄的未婚人口和已婚未育人口的比重十分高。截至2015年，日本50周岁以上的未婚男性在整体男性中占比高达23.37%，女性同位人口也高达14.06%。以上数据尚未包含已婚未育（含鳏寡）、未婚人群。该种生活方式和婚育状况导致日本的新生人口数量增长缓慢并呈现出逆增长状态。以2017年数据为例，全年新生儿数量仅仅为94万人，死亡人口却多达134万人。新生儿数量的减少和死亡人口数量的居高不下导致日本社会迭代困难，依托人口红利提升社会持续发展水平的内在动能不足[136]。综上，新生儿数量较少、传统家庭结构遭到挑战、老龄化问题持续严重化等问题使得日本难以发挥家庭供养的作用。故而，社会化养老成为日本在当前的必然选择，这也是值得我国关注的背景内容。

基于本书所研究的农村社会养老服务支付问题，日本农村的发展状况、耕地制度等也成为影响其社会养老服务供给模式选择的重要因素。日本耕地面积在国土总面积中占比15%左右。虽然其耕地相对数量较为正常，但由于其国土中岛屿居多且为山地丘陵地形，故而，土地分散程度较高，难以规模化垦殖。这是日本农业小农经济发展的重要原因，也是日本土地私有制的内在依据。即便日本在1960年后逐步推行鼓励土地规模化经营的政策法令，由于日本整体农业人口较少、农业生产经营的风险性较高以及土地客观状况不允许，农业发展速度以及对于整体国民经济的贡献程度依旧持续走低。从日本农业人口上看，其2000年左右的整体农业人口在全国人口中占比约为4.5%。截至2017年，日本农业发展所吸纳的就业人口不足200人，较1950年的50%有大幅度下降[137]。当然，工业化是推动日本农业产业发展的因素，但日本农业经营持续增长潜力和经营收益水平的降低则成为限制农业人口增长以及农业产业发展的原因。

在日本工业化和人口老龄化的影响之下，日本农村与城市采取多元渠道推动社会性养老，老年公寓、付费养老院、介护疗养院、社区服务中心以及特别养老院等均是日本社会性养老的重要渠道。在日本农村，老年公寓是重要的社会性养老方式，也是农村社会性养老的重要形式。但就整体来讲，日本农村社会参与社会性养老的群体数量相对较小，研究其农村社会养老支付模式依旧应当从传统的社会养老保险支付方式入手。综上，虽然日本农业人口数量相对有限且农业对于国民经济发展的贡献程度不高，但基于日本的人口老龄化问题以及小农发展的传统特征，具有建立健全农村社会养老服务支付体系的内在需求和必要性。

（1）支付制度划分。日本农村社会养老服务支付制度始终伴随着日本国内状况的变化而发展的。日本的人口老龄化问题、小农经济发展过缓问题、农业人口和农业产业遭遇瓶颈问题等相互关联，最终造成城乡人口老龄化速度不均衡、地方经济发展迟缓、农业缺乏适龄劳动力等问题。大量的农村老年人口无人供养，年轻人进入城市生活，老年人无法从事农业生产活动以获取收入来源等问题，最终倒逼日本不断完善农村社会养老服务支付制度，以稳定农村金融经济发展、保障农村老年人生活水平，作为有效缓解城市化过度和农业发展后继无力问题的措施。

日本通过划分不同层次的社会养老保险制度体系，在各个层面上保障国民的生活需求。不同的社会养老保险体系所涵盖的人群不同，但基本上实现了日本国民的全覆盖，从层次划分上来看，日本共分为三个层次：第一个层次，覆盖全体国民的国民年金制度，该制度仅仅保障国民的基本生活需求，具有社会补贴的性质，替代率相对较低，维持在17%～25%的水平；第二个层次的社会保障制度则覆盖日本社会各阶层，基于本文所研究的农村社会养老服务支付问题，农业年金以及国民年金基金是覆盖日本农业从业者群体的社会保障方式，其中，农民年金的主要服务对象是农民，国民年金基金以部分农民为服务者，二者构成第二个层次的社会保障制度，共同保障日本农民的养老质量；第三个层次的服务对象不含农民，其主要服务于一般的企业员工。特别应指出的是，日本在整体国民社会保障制度上遵循政府、企业与个人联合承担支付任务的逻辑。但基于日本的土地所有制，与农民及其他农业相关从业人口有关的社会养老服务支付制度一般只包括政府和农民自身两个主体，而不含有企业等社会性主体。以下结合该项制度的法律设定、制度设计以及给付方式等进行深入分析。

(2) 支付制度设计。日本农村社会养老服务的制度设计包含着法律制度设计、支付管理制度设计、给付方式等多项内容。

第一，法律制度设计。日本的农业经济相关立法以及土地所有权立法成为农村社会养老支付制度设计的根本。正是由于日本农民与土地具有高度的嵌入性，土地制度直接影响到农民的生计。所以，日本从1945年开始逐步完善与土地相关的立法，将此作为优化农村社会养老服务支付体系的基础。日本在1952年颁行《农地法》，确立了自耕农制度，将自耕农的土地规模控制在三公顷以内，该法令也确定日本小规模家庭生产的农业经营方式，肯定了农地所有权与使用权的结合；1960—1980年期间，日本制定、通过和修改《农地法》《土地利用促进事业法》以及《农业经营基础强化法》等法律基础，确保农民的土地流转制度的合法性，为农村的规模化经营提供了条件；1980年，日本发布《农用地利用促进法》，修改农地所有权和经营权关系，将经营权与所有权相分离，倡导以土地租佃为中心的土地经营权流转制度；1990年后，日本制定实施《农业经营基础强化促进法》以及《新农业基本法》等，界定了“认定农业经生产者”，并倡导农业规模化与产业化发展；2005年，日本完善《农业经营基础强化促进法》，允许非农业生产主体参与农地流转；最终，2009年，日本进一步放开土地租赁制度，提高了农业土地经营生产的自主权[97]。日本的农村社会养老服务支付制度随着上述土地制度的变革产生了深重的变革。在农民与土地高度关联、土地经营权和所有权高度合一的背景中，农村社会养老服务程度受限，社会性支付水平不高；而随着日本逐步放开了农地管理制度以及农地所有权和经营权问题，农村养老问题逐步从家庭转移到社会。与此同时，《日本国宪法》也界定了日本国民在生存与发展方面的基本权利。综上，日本土地管理制度的变迁构成农村社会养老支付以及福利性社会养老支付制度的根基。

第二，制度设计。国民年金制度和农业者年金制度是日本并行的农村社会养老服务方式，他们的支付逻辑有所不同。日本的国民年金联系制度是日本城乡共用的一套社会养老方式，以1959年所颁行的《国民年金法》为依据。依据《国民年金法》，其核心要旨在于保障全体国民的经济安全，并保障国民遗属的生活质量。这是日本在人口老龄化以及社会风险上对国民关怀的体现。国民年金的投保对象主要分为三类：其一，全国范围内年满25周岁的人口；其二，《国民年金法》实施前已经领取劳工保险的，但未领取其他社会保险老年给付的人口；其三，《国民年金法》实施15年后，领取劳工保险老年给付不足15年，但并未领取其他相关社会保险老年给付的人群。国民年金的保费计算方式是依据薪资分级和物价指数的递增水平，调整缴纳的保费。个人缴费方面，依照不同种情况进行分别计算：其一，对于普通民众，被投保的民众承担60%，中央政府承担40%；其二，依法被界定为低收入者，被保险人不承担缴费责任；其三，家庭总收入以及家庭平均收入低于主管机关界定比例的，被保险人承担45%，其余部分由中央和各县主管机关依照比例进行分别承担；其四，具有身心障碍的人士，其依照身心障碍程度承担0%～70%不等的缴费要求[138]。

农民年金制度是日本针对农村国民所建立的养老保险起源。日本政府从1970年开始建立农民年金制度，作为补充国民年金、针对农民群体社会养老服务需求所设计的保险制度。该制度的发展历程伴随着日本的改革，其参与者的参与要求与土地的相关程度较大。依据日本农民年金制度的规定，农民年金制度的参保人为年龄在20～55周岁的，年均参与农业生产经营活动不少于60天的农业劳动者以及从事农业生产经营活动的家属。这一方面突出了该制度的覆盖人群，另一方面也突出了日本小农经济的制度基础。从保费的缴纳比例来看，国家中央财政在农民年金制度中承担三分之一的支付任务。随着日本在2001年对该项制度进行改革，依据参保人群的个人条件和预期需求设定了不同的缴费档位，提高了农民在该方面选择的自主性。国家财政依据农民自身选择的不同承担起剩余额度，发挥政府和农民群体自身的联合保障作用。

以上两项制度是日本农村社会养老服务的主要支付模式，政府和农民个体在该支付模式中占据主要地位，并有效突出了家庭的作用。该方式与英国等国的政府、企业与个人联合承担社会养老支付额度的方式有所不同，凸显了日本以家庭为单位从事农业生产活动的特征。

第三，给付方式。国民年金的给付方式与参保者的个人因素相关较少。凡是参保时间满25年且年龄在65周岁以上的退休农民，其均可以领取一定的养老金；若缴费时间长于政府所要求的时间，则可依照《国民年金法》适度提升给付额度。与此同时，若农民提前退休，则给付的养老金依照比例下降；反之，则依照比例有所提升。但应明确的是，国民年金并非承担农村老年人最低生活的需要。所以，给付水平相对较低。

日本农村养老金的给付状况较为复杂，依照农民的土地所有权限和经营权转让状况有所不同。对于放弃土地生产经营权力的农民，在年满65周岁且缴费年限满足20年时，其同时领取国民年金和农民养老年金；对于不放弃土地经营权的农民，依据从事农业的年平均收入和缴费年限领取保险费用[139]。基于日本对于土地流转的高需求和提高农业生产活力的指向，放弃土地与持续从事农业生产经营活动的农民在养老金的给付上有较大的差别。

对于放弃土地经营权的农民，养老金的整体给付额度远高于不转让土地经营权的农民。因此，日本的养老金给付制度实际上也是调控日本土地关系的杠杆。

（3）支付特征。日本的农村社会养老服务支付政策具有优越性，其在政策的设计和政策法理基础上与欧美等国家存在较大的差别。总结来看，其具有以下几方面特征：

第一，制度设计多层次。日本农村社会养老服务的支付制度具有层次性主要体现在制度的构成层次合理上。日本土地基本法的变化催生了农村社会养老支付制度的转变，所以，在不同的土地所有权、农业生产经营者身份的作用下，日本政府设计了覆盖农村国民的多项社会养老支付制度。其中，国立养老金制度、农民年金制度以及国民年金制度等均为缓解农村人口老龄化以及农民生活困境的保障制度。针对不同支付来源的受惠群体规模进行统计，以日本社会保险厅 2010 年的统计数据为例，详见表 6－2。

表 6－2　日本养老金给付统计表

年金制度	被保险人数/人	领取年金人数/人	年金抚养比率/%	月均领取额度/日元	年金给付额度/日元	保险费率/%
厚生年金	3764	1542	3.87	18.23	33.45	15.287
国民养老金	3622	1872	2.34	16.23	21.23	12.387
农民年金制	722	822	3.23	12.23	17.21	10.23

数据来源：日本社会保险厅 2010 年统计数据。

以上养老金之间形成补充机制，覆盖日本国民各项养老资金需求。该制度与英国多渠道支持农村社会养老支付的制度设计有所不同，各项农村养老支付制度之间并非补充关系，而是相互独立的各项制度，有助于农民自主选择与自身实际需求相符合的养老制度。

第二，国家财政大力补贴。基于日本的国民关怀思想以及人道主义思想，国家在农民养老开支方面的支付补贴倾斜程度比较高。政府财政支持在日本的农村社会养老支付比例中占比高达 60%～70%，这使得日本的农村社会养老服务不仅仅是一种社会保障制度，更是一种调节国民收入的补充制度。再进一步讲，该种制度是延缓日本城市化保留农村人口的制度[140]。

第三，优越的管理逻辑。农村社会养老服务的支付制度本质上是农业经济发展问题的延伸。我国将农村社会养老支付归纳到社会保障制度中，虽然将农村群众的现实生活条件与社会保障支付方式及支付标准等建立了联系，但实际上延续到城乡二元格局，而并非将农村群众以及农业生产方式作为衡量农村社会养老服务支付制度合理性的依据。这就造成了支付关系与农业生产关系、土地流转制度相脱节，也不能弥补黑龙江省乃至我国的农业人口兼业经营和劳动力绝对流失困境。

6.4.2　启示

（1）政府加大补贴力度。日本的补贴比例高达 60%～70%。虽然会加大政府和财政负担，但是能够缓解人口流失和劳动力外流。

（2）打破城乡二元制。日本的国民年金制度及老龄年金制度等给予了国民自主选择从事农业生产经营和进入城市生活的主动性，本质上打破了城乡二元结构。我国应该借鉴该制度，提高制度设计的合理性。

6.5 江苏省农村社会养老服务支付模式经验借鉴与启示

基于江苏省的人口老龄化应对情况，以南京市等城市为核心的社会养老服务产业飞速发展，并在南京市以及其他市区和农村地区取得了较大成就。从政策体系上看，江苏省出台的一系列政策对于提高农村社会养老服务业的发展水平有巨大作用，并从支付等方面全面为社会养老服务产业的发展提供了现实根基[141]。

6.5.1 经验借鉴

（1）江苏省社会养老服务政策体系。江苏省所出台的一系列农村社会养老服务相关政策成为农村社会养老服务发展的依据。2009 年出台的《中共江苏省委、江苏省人民政府关于加快我省养老事业发展意见》中强调要提高江苏省的综合养老产业发展水平，并从财政方面提高省内社会养老的支付能力，从政府支付入手，为江苏省的养老产业发展提供资金基础。此后，江苏省又出台了一系列与建设养老服务体系实践相关的政策，2011 年出台的《关于加快结构养老服务体系的实施意见》以及在 2014 年出台的《关于加快发展养老服务业完善养老服务体系的实施意见》中，均特别强调提高江苏省城乡统筹养老服务业的综合发展水平，在养老服务业发展中避免城乡二元格局，将城市和农村协同纳入到江苏省社会养老产业发展的体系之中。

（2）多元化社会养老服务模式。

第一，江苏省在居家养老服务方面取得飞速发展。政府购买模式以及社区居家养老服务集中组织模式成为江苏省在城市和农村协同推进的重要社会养老机制。前者提高了社会养老服务业的支付水平，使得政府成为江苏省养老服务的购买者，充分避免了农村老年人在养老服务购买方面的资金实力不足问题，进一步提高了省内社会养老服务覆盖城市和农村的整体水平[142]。而后者主要是以邻里互助的模式提高江苏省城市农村社会养老服务的综合发展水平，而这方面经验对于江苏省的农村地区则更为实际。在苏州市等江苏南部地区实现了社会招标等方式以及社会性主体参与到农村社会养服务产业建构中，该方面经验将在后文阐述苏州模式的过程中进行着重介绍。

第二，江苏省在社区养老上也取得了显著成就。江苏省早在 2002 年就开始尝试利用农村闲置养老资源建构乡村养老基地。该方面服务主要针对农村失能老年人，对于这部分老年人，江苏省尝试以集中养老方式设立养老床位，政府出资的比重在 35%以上，农村村集体以及其他社会福利机构在其中也发挥一定作用。政府针对每张床位进行一定的补贴，单个床位的补贴在 2000 元以上，对于提高江苏省农村社会养老的覆盖性具有重要作用，也成为政府有效支付补贴农村老年人自身支付能力不足的重要尝试。

第三，江苏省在养老机构发展方面也取得显著经验。江苏省针对农村五保户建构了高供养率的社会养老服务提供制度，在 2007 年的集中五保户供养水平已经达到了 75%以上，并逐年提高针对五保户等农村困难群体的财政支持力度，提高对省内农村贫困老年人的关怀水平。同时，江苏省在机构养老方面取得的经验也在于结合老年人的生活照料、医疗救护以及紧急救助等多方面需求，建立了集中供养和综合式服务制度，推动省内农村社会养老服务机构的建设与发展。

(3)“江苏模式”的有效建构。江苏省建构了苏州模式以及南京模式等不同的农村社会养老服务供给模式，上述模式对于提高省内农村社会养老服务支付水平、建立多元覆盖的社会养老服务长效供给机制有显著作用。

第一，南京模式及多层次社会养老服务供给机制。南京模式中包含了多种特殊农村社会养老服务方式。以下将针对不同的社会养老服务组织类型和供给模式进行具体介绍：

1）政府主导型非营利组织提供社会养老服务。由政府发起社会非营利组织参与老年人服务中心的建设，成为南京模式的突出表现。这种模式的特征在于南京市各级政府组织非营利机构建设托老所、老年大学以及老年人综合服务中心，为有特殊需求的孤寡老人、独居老人以及其他困难老人提供全方位的社会养老服务。这种形式的社会养老服务在南京市农村地区的覆盖水平较高。该模式中非营利组织对老年人的生活照料、医疗救助等方面提供专业性服务，而政府的牵头作用使得农村贫困及孤寡老年人有较为雄厚的政府财政托底资金，对于有效开展社会养老服务具有较好作用。2）养老服务机制的建构。上述阐述的农村老年人综合服务中心是机构养老的主要形式，而居家养老的形式在于南京市农村地区各个村镇政府和其他农村社区主体提供上门的居家养老服务。通过在农村老年人家中安装救助门铃等远程养老救助设备，提高对居家养老老年人特殊需求以及经济状况的处理水平。以上方式是以政府为支付主体的社会养老服务供给模式，对于提高南京市农村社会养老服务支付水平及提升覆盖率有显著作用。

第二，“苏州模式”及新农保的高覆盖和层次性体系建构。苏州市在新农保方面的探索与尝试是江苏省在农村社会养老保险方面提高支付水平的具体典例。在政府的主导之下通过两种方式进行社会养老保险的推进和运作。运作机制是政府组织引导新农保，农村居民集体参保，财政和集体补助作为协同性支付方式在新农保中发挥一定作用。苏州市2008年的社会养老保险覆盖率就已经达到了96.5%，年末社保基金累计滚存积累额度高达29亿元，成为江苏省社保基金累计结余水平最高的地区，这对提高农村社会养老服务支付能力具有重要作用。随着苏州市逐步在社会养老保险方面提高了水平，逐步形成了个人、集体以及财政共同筹资的农村社会养老服务支付机制，这也是农村居民提高社会养老保险替代率，降低个人支付资金额度在整体支付额度占比水平，进而享受更高水平社会养老服务供给的基础措施。在政府对新农保的财政性补贴中，苏州市将农村人员的补贴额度、个人能力以及个人性质划分为不同的标准和层次，针对一般性的农村务农人员、农村最低生活保障的享受者以及其他农村失能人员等，苏州市给予不同的补贴标准。最大程度上提高对失地农民、失能者的支付补贴。在2004年出台的《苏州市农村和城镇基本养老保险关系转移接续办法》更是提高了江苏省城镇一体化社会养老保险资金的对接与转移水平，对于城镇化发展之中个人户籍变更问题以及人口自由流通问题具有重要作用，成为我国其他地区在建立城乡一体化社会养老服务支付机制以及农村养老保险制度过程中应当借鉴的重要措施。

6.5.2　启示

(1) 提高并保持政府财政和政策的支持力度。江苏省的农村社会养老服务及支付模式的突出特点是政府财政的大力支持。在新农保支付方面，中央的地方政府共同承担财政补贴任务。江苏省财政对农村社会养老服务的支持力度较大，出台相关针对性政策，提出明确的执行方案并付诸实施。提高了农民的农村社会养老服务支付能力，更好地满足江苏省，尤其是苏州市和南京市的农村老年人的社会养老服务需求。政府的较高水平财政支持要以较强的财政实力为支撑，所以财政实力在该方面起到决定作用。只有政策而实现不了财政支持也是不可以的。

（2）政府引导非营利机构参与提供社会养老服务。非营利组织在政府的牵头和引导下积极参与江苏省农村社会养老服务，这是江苏省农村社会养老服务的又一突出特点。非营利组织免费提供农村社会养老服务，这就在一定程度上降低了农村老年人的支付压力，社会养老服务需求得到更好的满足。

6.6 本章小结

本章研究了以英国、德国为代表的福利国家社会保障制度，以日本为代表的现收现付制度和美国的农村社会养老服务支付体系以及我国江苏农村社会养老服务支付体系。上述发达国家中，国家财政的支持、国家福利的优越性以及其农业人口整体规模和占比较小的现状使得其农村社会养老服务支付中以国家的各项基本保障制度为主，个人和家庭的保障制度在次要地位。上述国家与我国的经济社会发展阶段不同，与我国的农业生产环境和农业人口占比等均不同。黑龙江省作为我国的农业大省，应当在全国优化农村社会养老服务支付体系时结合黑龙江省实际情况建立健全农村社会养老服务支付机制。黑龙江省农业人口规模的庞大性以及农业总产值、农村人口收入总值的薄弱性均为政府承担农村社会养老服务支付责任造成了巨大的困扰。这是我国和黑龙江省在借鉴他国经验时应当考虑的部分，更是我国在借鉴发达国家成熟的农村社会养老服务支付模式时应当着重调整和完善的内容。

7　提高黑龙江省农村社会养老服务支付能力的策略

7.1　提高政府财政及政策扶持力度

黑龙江省农村社会养老服务问题，从本质上来讲是社会养老问题；黑龙江省农村社会养老服务的主体，本质上也应当最终将政府作为主要关键力量[143]。但是囿于我国中央财政以及黑龙江省地方财政现阶段在农村社会养老支付方面的局限性，财政发挥作用的程度有限，亟待探索多元主体参与黑龙江省农村社会养老服务支付的机制。但从本质上看，建立健全财政供给机制则是提升黑龙江省农村社会养老服务支付能力的核心。从财政入手挖掘黑龙江省农村社会养老服务支付潜力，从纵向上可分为中央财政政策和地方财政政策。从横向上看，可分为社会保险类养老支付支持、社会福利类支持、医疗保障类支持等不同类型[144]。中央与地方的财政支持政策和上述社会保险、社会福利、医疗保险政策有机交融，共同构成黑龙江省农村社会养老服务支付体系的财政扶持机制。结合国内情况与国外经验，在财政方面提高对农村社会养老服务的倾斜可以从以下方面出发。

7.1.1　提升新农保财政扶持水平

依据对黑龙江省样本地区案例农户所进行的调研，结合针对我国和黑龙江省农村地区社会保障所进行的分类统计，可知农民是我国的低收入人群，我国中央和地方财政虽然对于新农保提供了一定的政策倾斜，但现阶段农村养老保险的顶层设计以及实际待遇水平依旧无法达到预期[145]。中央基础养老金替代水平近年来始终在10%左右徘徊，较10年前的替代率有所下降。并且，新农保基础养老金缴费档次较低的问题也使得农民的养老金收入始终无法提升，进而对社会养老服务支付造成一定阻力。中央财政和黑龙江省地方财政应当提高对新农保的政策倾斜，保证农村养老金的替代率不低于15%的阈值；地方性财政更要结合黑龙江省当地农户的各项支付状况，设立具有差级化的农民养老基金缴费机制，全面引导黑龙江省未参保农民参保，享受中央和地方财政对于农村人口的政策倾斜，进一步降低社会养老服务支付压力[146]。

根据第6章研究结论可知，农村居民的新农保是农村社会养老支付能力的主要构成因素，农村老年人丧失劳动能力后的主要经济来源为新农保的养老金，以及子女和家庭的供养。新农保的养老金水平直接影响农民购买社会养老服务的支付能力[147]。提升新农保财政扶持水平能够在根本上保障农民购买社会养老服务的基本支付能力，否则，在家庭养老功能弱化和劳动力外流的背景下，很难应对农村老年人的养老困境。黑龙江省农村人口收入水平相对较低，人口老龄化比较严重，现有水平下的新农保养老金水平比较低，农村养老问题棘手。央地财政应该起到调控的作用，提升新农保的财政扶持水平，提高农村老年人的社会养老服务的支付能力。

7.1.2 探寻多种路径谋求新农保与财政之间的平衡

新农保是我国针对农村地区所推行的养老保险制度[148]，但该制度必须建立在中央财政和黑龙江省财政足以支持的基础之上，而不能为地方财政和中央财政带来过大负担。所以，黑龙江省地方政府和我国中央政府必须有限度地承担新农保的相关责任，有效挖掘农民自身在养老金缴费中的潜力并提升积极性，将此作为提高新农保养老待遇水平的途径。针对此，中央和地方政府可以尝试发行农村养老保险债券，或是将农民的粮食以及其他作物补贴纳入到社保基金的范畴中，提高对养老金和各类补贴的统筹性。并且，适当发挥农村村集体的补助功能，全面优化转移支付机制，全面提升新农保替代补贴性，将适度补贴建立在压力共担的基础之上。国家也可以用减税方式推动个人和企业支持新农保，进一步拓展新农保支付来源，夯实农民及家庭的支付基础，提升黑龙江省农户的社会养老服务支付力度[149]。

7.1.3 切实发挥财政及税收机制的调控作用

财政性政策的杠杆作用包括但不限于直接补贴，以税收等方式调控黑龙江省农村社会养老支付来源也是目前的有效途径之一。从相关的税费调控主体来看，农民专业合作社、农村龙头企业、大型国企与央企等秉持社会责任的企业和组织均可以是我国和黑龙江省以税收方式调控社会养老支付的对象[150]。国家和地方可以将社会养老转移支付额度与企业的税收减免政策和贴息贴现相结合，并可以对从事农村社会养老服务相关的企业进行直接的税收减免和返税补贴，实现中央与地方财政、企业税收、农村社会养老服务支付的联动，从财税方面入手拓展支付来源，提升黑龙江省农村老年人享受社会养老服务的水平，夯实黑龙江省农村社会养老服务产业的资金基础。

7.1.4 提高资本支付辅助水平

资本对于社会养老产业的发展具有至关重要的作用[151]。投融资机制是缓解社会不同产业资本困境的重要驱动机制。启动城乡居民养老金和职业年金的委托制度是2019年在养老金投资方面的重点。我国截至2017年已经实现城乡居民养老金结余6000亿元的目标，庞大的养老金结余数额可以对社会多项产业形成资金供给，而社会养老服务产业则是养老金投资的重点领域。通过投资职业年金，我国养老金可以实现每年约1500亿元的增量。这对于提高养老金的整体供给规模，扩充社会养老服务业资本力量，均有重要帮助。

(1) 全国范围之内启动养老金投资。养老金可以投资多个领域，社保基金的有效投资对于拉动社会养老服务业发展有重要帮助。可以通过注资民营及公立社会养老机构、兴建营利性社会养老单位、投资与养老相关的概念股等方式为农村社会养老保险也提供资本支持。

(2) 健全养老产业的融资体系。发行债券、提供信贷等，均为以资本力量扶持社会养老产业发展的途径。我国目前养老产业起步较晚，黑龙江省农村社会养老产业发展慢于城市养老产业，且农村地区的养老企业良莠不齐，资本成为其掣肘因素。针对这种情况，应当全方位提高银行信贷服务对于黑龙江省农村社会养老服务的支持力度，结合国务院在

2013年出台的《关于加快发展养老产业的若干意见》中所提出的倡导，促进地方性政府出台配套文件，提高银行对于农村社会养老企业的授信额度和年度授信规模。同时，黑龙江省各类政策性银行和商业银行尝试降低对于农村社会养老机构发放贷款的质押物和担保规模，提高对社会养老企业发展初步阶段的资金支持力度。政策性贷款是该方面发展的重要内容，国家开发银行与民政部在2015年颁行的《关于开发性金融支持社会养老服务体系建设的实施意见》成为银行探索扩大社会养老产业资本支持、设立城乡社会养老项目的重要规划[152]。黑龙江省各类机构应当全面借鉴并遵循国家机关及政策性银行在资本方面提出的要求，将政策性资本和银行资本作为农村社会养老服务的重要支付来源。

(3) 拉动社会风投力量和产业基金投资。以政府为主体，同时撬动社会资本的力量成为我国目前全国重点项目和重点领域建设的重要模式，PPP等模式逐步成为农村社会养老基础设施建设的补充机制[153]。针对此，黑龙江省应当结合省内及省外的资本力量，以私募基金和股权投资的方式提高各类资本对于农村社会养老服务产业的支持力度，一方面引导社会性质的资本向养老等有关国计民生的领域进行倾斜，另一方面也探究黑龙江省农村社会养老产业市场化运行的新型机制。

7.1.5 建设农村集体养老设施

养老基础设施建设是黑龙江省农村社会养老服务发展的要点。养老基础设施的特征在于普惠性、全民性和非营利性。养老基础设施与医疗基础设施、农村教育类娱乐类基础设施具有一定的重合性。所以，黑龙江省可以结合《美丽乡村三年规划》等内容，大力建设与社会养老相关的农村基础设施。结合我国美丽乡村建设倡导和黑龙江省农村地区在建设美丽乡村过程中的各项规划内容，可以在以下几个方面进行发展。

(1) 提高医疗卫生服务基础设施建设水平。依据省卫生部门数据显示，黑龙江省目前拥有乡村医院和卫生服务所共计10998家，累计病床数量超过70000张。上述医疗基础设施可以与养老服务相结合，或者划拨部分医疗基础设施进行农村社会养老服务产业建设。从农村地区的乡村医院和卫生所当前条件来看，在医疗服务的供给方面有所欠缺。但上述医疗设备若投入到农村地区的养老产业中，这可以充分发挥作用。所以，在大力兴建医疗基础设施的同时，可以促进当前部分医疗设备和医疗人员的转型，塑造医养结合型农村社会养老雏形，降低初期投入规模，将功能的集成作为黑龙江省农村社会养老服务基础设施建设的方式之一。

(2) 提高体育场馆及其他健身娱乐类基础设施建设水平。体育场馆及其他的娱乐设备也是黑龙江省社会养老服务基础设施的构成部分。农村地区老年人的消遣娱乐服务与城市中的养老服务呈现出一定差别。其高度的集群化特征使得对于大型的娱乐场馆设备具有一定要求。农村老年人可以在体育场馆之内进行集体娱乐，这与农村地区的传统生活习惯匹配程度较高。所以，在美丽乡村建设的过程中，可以划拨部分体育场馆新建资金用于社会养老服务中的娱乐场馆建设，引进棋牌等多种娱乐类型，提升服务于黑龙江省农村老年人娱乐体育生活的水平。

(3) 大力兴建农家书屋等休闲娱乐基础设施。农家书屋等基础设施的建设也是黑龙江省美丽乡村建设的重点内容，这是丰富农村地区老年人精神生活的途径。农家书屋作为具有一定层次和文化性质的娱乐基础设施，也可以满足农村老年人口的社会养老需求，并提高其养老质量。黑龙江省主张在农村地区推广老年大学等老年人再教育形式，农家书屋可以发挥在该方面的作用。省内应当提高对的农家书屋的物质投入和人员投入，并以固定授课和流动授课的形式进行老年人课堂推广，提高老年人的学习水平。特别对于黑龙江省留守儿童较多的地区，开展农家书屋一方面有助于丰富老年人的精神文化生活，另一方面也对于下一代的教育具有一定作用。

以上方面是结合美丽乡村中基础设施建设所进行的探讨。当然，全面提高养老院的建设水平、提高农村养老院服务与老年人的水平是基础设施建设方面的重要内容。但是，基于养老院建设投入的巨大数额，在农村社会养老服务起步阶段，将乡村医院、体育场馆以及农家书屋等现有的农村基础设施向养老产业进行转型，是降低先期投入的途径，也是降低中央和黑龙江省各级政府、社会性主体以及农村老年人及家庭支付压力的举措。

7.2 提高非营利机构的参与性

养老产业是关系到国计民生的重要产业。但是，养老事业的产业化发展并不完全等同于在市场化的发展逻辑中发展各项社会养老服务。养老事业产业性和公益性并行的特征，依旧是当前黑龙江省农村社会养老事业的重要特征。所以，各类非营利组织应当有效介入到农村社会养老服务供给体系中，发挥其应有作用。

7.2.1 黑龙江省非营利组织发展迅速

在我国非营利组织向社会组织进行转型后，针对黑龙江省民政厅以及其他统计部门就省内社会组织所进行的统计显示，其发展趋势迅速，具体见表 7-1。

表 7-1　黑龙江省社会组织数量　单位：家

	2007 年	2008 年	2009 年	2010 年	2011 年	2012 年	2013 年	2014 年	2015 年	2016 年
社会组织	11062	12464	14010	14412	15798	14133	15479	12512	14801	16073
民办非企业	6044	6843	7768	7447	8355	7943	8619	6920	8487	9315
基金会	26	26	31	44	53	60	66	76	84	97

数据来源：黑龙江省民政厅统计数据。

由表 7-1 可知，黑龙江省社会组织以及民办非企业组织发展迅猛。上述主体并非营利性主体，主要的作用是扶持行业与某项产业发展，或是推动社会公益事业发展与进步。农村社会养老事业虽然具有一定的市场化特征，但其依旧具有高度的福利性和普惠性。省内 16000 余个社会组织、近 10000 个民办非企业组织以及将近 100 个基金会可以以社会养老服务为突破口，提升对黑龙江省公益事业的贡献。我国在 2016 年颁布并实施《中华人民共和国慈善法》，并将此作为推动各类非营利组织提高资本运作水平的重要法律法规。规范了各类非营利组织通过资本运作等方式提高自身发展水平和良性服务社会的程度。针对此，黑龙江省上述组织在急剧发展的情况之下，可以通过资本运作等方式提高服务于农村社会养老服务事业的水平。

7.2.2 丰富非营利组织的参与形式

例如，各类企业附属的基金会及其他社会组织可以注册并成立非营利性养老院。对于农村地区的组织，可以申请政府的定向基金，并降低农村老年人入住养老院的支付规模，降低省内农村老年人社会养老服务支付负担；对于农村企业附属的社会组织，可以通过资本运作等方式兴建养老院，回馈农村老年人口[154]。同时，各类公募基金也可以通过注资等方式提高对农村社会养老事业的扶持水平，这也是提高社会组织披露得分，发挥非营利组织社会责任的途径。可以注资医养结合型养老机构，或是主导养老服务下乡等，提升服务于农村老年人口的水平。将社会组织的普惠性作为重要出发点，提升服务于农村居民的水平。从为农村老年人提供辅助服务和补偿服务入手，逐步探索以社会组织为中介和平台的社会养老协同支付机制，促进黑龙江省农村社会养老服务体系的协同发展，弥补政府、农村老人及家庭、农村社会性主体和企业支付能力的不足，发挥社会组织取之于民、用之于民的作用，使得黑龙江省的各类社会组织真正发挥对于养老事业的贡献，弥补黑龙江省各类主体在黑龙江省农村社会养老服务支付中的欠缺。

7.2.3 政府加强引导非营利组织参与农村社会养老服务

政府也可以发挥部分强制作用，提升社会组织在黑龙江省农村社会养老服务中的参与性。正是由于“中国社会组织公共服务平台”等要求社会组织进行信息披露，针对其履行社会责任的程度向社会公众加以披露。但是，目前黑龙江省各类社会组织的披露效果一般，在全国各个省份社会组织的披露排名中位于中等偏下。基金会透明度的指标体系通过构造常模，以满分 100 分作为基金会自愿披露的满分。若基金会披露总体得分低于 48.56 分，这说明基金会管理合规化程度较低，其对《基金会管理条例》与《基金会信息公布办法》的执行程度不高。黑龙江省在 2017 年的披露得分为 39.48 分，在我国较为靠后。针对此，黑龙江省各级政府机关及民政机构可适当对相关社会组织参与农村社会养老服务予以一定的强制要求。单纯依靠社会组织自觉参与社会养老产业无法调动广大的社会资源，也将此作为一次推动黑龙江省内社会组织高速发展的契机，促进黑龙江省社会养老服务业与社会组织慈善事业的协同发展。

7.3 提高企业在农村养老服务领域的作用

企业向农村社会养老服务方面的倾斜可以从三方面入手。我国各类保险公司可以实现保险资本运作和实体养老机构建设并行，将寿险产品研发以及农村社会养老机构建设协同发展；企业应当充分发挥社会责任，提升在农村社会养老服务中的资金投入力度，将此作为企业社会责任披露的一部分，提升企业社会信誉水平；农村龙头企业应当发挥对农村社会养老服务体系建构及农村社会养老支付的直接作用，将龙头企业作为带动农村社会养老服务体系完善的主体。

7.3.1 发挥寿险企业的资本运作作用

寿险类企业是我国社会养老中的重要主体。国内几家保险公司所研发的各类人寿保险产品是我国基础养老保障制度的重要补充制度。随着泰康人寿等企业逐步发挥在社会养老中的作用，其已经成为具有实体社会养老服务和综合社会养老金融产品的大型企业。人寿保险公司在农村社会养老服务中可以通过两种方式提升其对于黑龙江省农村社会养老服务的支持水平。其一，中国人寿等保险公司可以针对黑龙江省农村居民研发一系列的保险产品，并注意区分现阶段黑龙江省城乡居民在支付能力方面的差距，从产品定价等多方面入手，提升黑龙江省农村居民对于商业养老保险产品的接纳性。在产品研发时，保险公司应当最大程度上提高保险产品的用户友好程度，避免农村老年居民和家庭成员无法理解保险公司的各项条款而影响其购买；同时，在产品研发时应当降低同质化程度，将产品研发建立在广泛农村老年人口调研的基础之上。结合我国的统计数据和黑龙江省样本地区的统计数据可知，愿意购买商业养老保险人数在15%～16.5%，各类保险产品的研发均须建立在上述人群支付能力的基础之上。其二，人寿保险公司兴建线下实体养老机构，泰康养老社区是我国由保险公司出资成立的重要社会养老机构，其具备医养结合型居家养老机构的特征。但是，"泰康之家"等社会养老机构的价格水平相对较高，黑龙江省农村居民难以接纳。针对此，同类养老机构应当注重价格的差异化，在兴建农村社会养老机构并着力推广的起步阶段，培养农村居民的支付习惯，对参保的农村居民予以一定优惠，提升农村居民对社会养老和商业养老保险的双重接纳，挖掘其支付潜力。

7.3.2 发挥企业对农村社会养老服务的辅助作用

企业社会责任披露（Corporate - Social - Responsibility，CSR）是我国企业目前在信息披露方面的重要项目，也是弥补单一企业财务信息披露不足的补充机制。农村社会养老是我国现阶段发展的重点内容，也是黑龙江省充分挖掘经济社会发展潜力的重点。乡村振兴战略、东北振兴战略以及城乡一体化发展的导向之下，提升农村社会养老支付能力对于黑龙江省现阶段的发展具有战略意义。各类企业不仅将收益最大化作为企业经营的目标，也应当在企业社会责任披露的宏观导向之下，从三方面入手，发挥其对于提升黑龙江省农村社会养老服务支付能力的作用[155]。其一，黑龙江省各类龙头企业应当适当提高对于农村社会养老支付的现金支持水平，可以通过注册社会组织并划拨定项资金的方式进行支持，以企业基金会的方式支持黑龙江省社会养老产业；其二，企业可以通过注资民营养老机构的方式，提高对黑龙江省社会养老产业的扶持作用，该种方式也是企业部分承担农村社会养老支付额度，降低农村老年人口社会养老压力的路径；其三，企业可以定向向政府的公立社会养老机构进行捐款或者设备捐助，分散政府的农村社会养老支付负担，提升企业承担社会责任的水平。

7.3.3 鼓励农村龙头企业多参与农村社会养老服务

农村龙头企业与黑龙江省城市企业和全国大型人寿保险与其他商业保险企业相比，其扎根黑龙江省农村的特征使其在两方面具有先天性的优势：一是能精确衡量黑龙江省农村群众在社会养老方面的需求和实际支付能力，更能发挥农村企业的社会资源调动能力，使农村企业成为撬动黑龙江省农村社会养老资源的杠杆和平台。例如黑龙江省大型水稻种植及流通企业、大型农产品加工企业、大型农产品物流企业等龙头企业可以与当地的民营养老机构形成定向合作，对于在本企业中工作的员工家属等，予以一定的优惠。二是农村龙头企业也可以发挥在农村中的动员能力，成为牵头成立企业附属养老机构的重要力量，该做法不仅可以提高黑龙江省农村居民享受社会养老服务的水平，也可以成为农村自治组织、农村企业、基层政府之间就社会养老问题形成联动机制的方法，提高黑龙江省农村社会养老水平，减轻各类主体在黑龙江省农村社会养老服务中的负担。

7.4 提高农村村集体投入性

农村村民集体性组织对于黑龙江省农村社会养老服务支付也具有重要的作用。我国农村地区的治理结构与城市地区有较大的差别，农村集体经济的发展具体到黑龙江省在农村社会养老保险发展方面和发展形态上，与省内城市地区相比呈现出极大差异。农村村集体是黑龙江省农村与城市在治理结构和治理机制上产生差别的关键。针对以上不同组织在农村发挥作用的方式，应当在黑龙江省农村社会养老服务中发挥以下作用。

7.4.1 村集体在社会养老支付中承担部分额度

依据《中华人民共和国农业法》，村集体是我国农村集体经济的重要组织，也是我国家庭联产承包责任制的责任机构。农村集体经济组织的重要职能是负责集体资产管理工作，而农村社会养老支付则是农村集体经济管理的关键方面。黑龙江省基于各项农村集体财产的性质和特征，可以进行土地承包租赁、森林林下经济发展基地租赁等，通过对以上集体资产进行处理和管理，有效扩充村集体的资本，进而提高对农村社会养老服务的支付能力。黑龙江省拥有大量的森林资源和黑土、滩涂资源，村集体若对自然资源进行有效调度，则不但可以扩充村集体的资产规模，也可以发挥对社会养老服务的支付功能。

7.4.2 村委会牵头丰富农村社会养老服务支付主体

村委会是农村地区的关键自治组织，也是基层群众进行自我管理和自我决策的组织。村委会作为基层自治组织，一般不具备经济职能。但村委会通过进行农村各个社会主体间的沟通，来影响农村社会养老服务的支付能力。可以有效收集农村家庭的社会养老服务需求，与村镇政府和村支部就社会养老服务的资金需求规模进行磋商，促进基层政府向农村地区进行资金倾斜。

7.4.3 农民专业合作社提升对关联主体的沟通性与协同性

农民专业合作社是生产流通主体，也是注册的经济组织。合作社的分红是入社农民的经济来源之一，若入社农民将上述分红资金作为家庭社会养老支付的资金，则合作社可以与农村社会养老机构达成定向协议，对社员及家庭予以优惠，提高农民专业合作社履行社会责任的水平。

综上，基于农村地区社会形态与城市的区别，黑龙江省作为农业规模化以及农业产业化高度发达的地区，可以有效借助各个农村社会力量，提升对农村基层社会资源的组织和调度力度，提高农村社会养老服务支付水平。

7.5 激活农民筹资养老及自主支付意愿

7.5.1 激活农民筹资养老意愿

村民互助类资金也是黑龙江省在农村地区进行社会养老服务支付来源。这与村集体所统筹和管理的资金存在一定区别，主要以村民筹资的形式进行资金的吸纳。

在该种模式中，村民集资成为筹资进行社会养老的主要方式。其中涉及几部分关键的主体：集资主体、托管主体、调度主体和监督主体[156]。其中，集资的主体主要可以是村集体，依托村集体在黑龙江省农村村民中的信誉度和管理权限，在充分调研有社会养老需求家庭的各项需求类型后，以整体需求额度进行计算，初步归纳出满足社会养老服务需求所需的资金规模，并进而将上述资金需求分摊到农村家庭及个人[157]；托管主体应当是独立于村集体的主体，村委会可以充分发挥作用，村支部监督村委会对于资金的托管。上述资金可以以银行储蓄的方式提高净值，也可以通过购买理财或是保险年金的方式进行调度和托管，村委会对于资金的托管成为不断扩充居民筹资资本规模、提高黑龙江省农村社会养老基层支付能力的基础；调度主体可以是村民代表，也可以是村委会和村支部，或是联合调度，在不同主体的协同调度之下，提高对资金调度的科学性，为农村中自行组建的养老服务团队制定开支额度，促进以村民自治形式展开的社会养老服务的高度发展；监督主体可以是村镇政府以及村支部等，上述主体主要针对农村社会养老服务团队的服务状况、养老服务开支的支付状况等进行监督，是保证村民互助服务以良性形式展开的关键途径[158]。在以上措施的作用之下，黑龙江省可以充分发挥村民自我筹资、推广农村社会养老的创新机制，以村民互助提升农村社会养老服务水平，建立适合农村地区的新型养老互助机制，充分缓解农村居民社会养老服务支付压力。

黑龙江省农户在社会养老服务支付方面的问题既包括宏观的支付能力，也包括主观的支付意愿。针对此，全面激活黑龙江省农村老年居民及其家庭的支付潜力，提高农村社会养老服务的覆盖水平。具体来讲，可以从以下三方面入手。

7.5.2 针对农村老年人开展社会养老服务宣传普及教育

基于黑龙江省大部分农村地区对于社会养老服务所包含的项目、覆盖区域、收费方式、服务机制等缺乏明确认识，其对于付费的社会养老服务产生排斥，社会养老服务的知识更是明显欠缺。对此，应当由村集体或是村委会针对社会养老服务内容展开宣传普及教育[159]。在宣传的过程中，也可以适当引入黑龙江省社会保障机构、商业保险公司、具有普惠金融服务的商业银行和政策性银行等，提高农民群众对于社会养老服务的认识。并且，商业银行和政策性银行以及社会保障部门向农村老年人口及其家庭成员宣传黑龙江省及中央财政在该方面的扶持政策，使农村社会养老服务支付的物质承担者能够明确认识到多方共同给付的特征，这是降低黑龙江省农村老年人口及家庭成员对社会养老服务排斥性的重要前提。

7.5.3 以多种方式推广社会养老服务

农村老年人口对于社会养老服务缺乏直观的认识，对于物联网、智能养老服务、养老社区、医养结合等，或是缺乏认识，或是认识仅仅停留在简单的概念阶段，而不能明确认识到自身对医疗服务、急救服务的刚性需求[160]。社会养老服务中既包括老年群众广泛需求的基础类服务——如医疗服务等，也包括诸如娱乐服务等非必要需求。针对老年人进行宣传不仅可以提高老年人及家庭成员对于社会养老服务提供业务范围的认识深度，也可以逐步提高各类服务的社会接纳性。部分服务并非政府主导的服务，对于此类增值服务，养老机构可以逐步采取体验式营销的策略，让老年人对服务进行体验，从实践入手，提高老年人对社会养老服务的认识，并最终提高黑龙江省农村群众对于社会养老服务的支付意愿。

7.5.4 进行多策略定价，提高养老机构的产品研发水平

组合式养老产品研发成为我国在社会养老产品研发及推广中的重要趋势。不同类别的

老年人口对于社会养老服务具有多方面的需求，农村中具有不同支付能力的老年人口对于服务的组合类型也呈现出高要求[161]。从产品的设计和定价来看，应突出三点内容：其一，在于制定多价格线条的产品类型，前文所提及的泰康之家是我国高端居家养老产品，这是满足高支付能力老年人社会养老需求的产品类型。而基于黑龙江省目前城乡差距的客观存在，可以结合高端养老中的产品组合方式和项目进行分别设计，降低老年人及家庭的整体支付压力，将低价格策略作为在黑龙江省农村地区推广社会养老服务的重要途径，培养农村老年人及家庭的支付习惯。其二，设计新型支付方式，这对黑龙江省农村地区具有较大的意义，也是结合农村地区特征所采取的对策。与城市的生活方式不同，农村地区的社会组织和治理结构形式更为多样。村委会、农村村集体和农村合作社等在一定程度上或是拥有支付能力，或是具备支付条件。其三，基于农村的土地承包形式，集体所有制的经济形态使得上述农村合作组织也具备提供场地及其他资料的能力[162]。这使得在农村地区设计新型的社会养老支付方式具备一定条件，也可以结合黑龙江省农村特征，制定与城市社会养老服务支付方式不同的支付机制。

激活黑龙江省农村地区群众及家庭的社会养老支付潜力，重点内容在于两方面：一方面是制定合理的价格策略和营销机制，逐步培养农村居民及家庭的消费习惯；另一方面则在于提升各项社会养老服务与农村家庭的契合性，特别对于进城务工家庭、农业兼业经营家庭以及留守家庭等予以多方面照顾，结合上述特殊类型的农村家庭老年人口社会养老服务需求，激活黑龙江省农村地区支付主体的潜能。

7.6 本章小结

本章探讨了提高黑龙江省农村社会养老服务支付能力的策略。结合第5章中针对黑龙江省农村社会养老服务支付能力所进行的命题和实证研究，本章结合各个主体在黑龙江省农村社会养老服务支付中的地位和作用，充分探讨了各个支付主体以何种方式提高黑龙江省农村社会养老服务支付的作用，并将上述主体所发挥的作用有机结合、融会贯通，尝试在综合性的视角中探讨多主体协同发展提升黑龙江省农村社会养老服务支付能力的对策。从具体对策上来看，发挥央地财政的作用、提升非营利组织的介入性、提高农村自治组织的投入水平、激活村民筹资养老的意愿、提高各类企业在农村养老方面的投入力度、建设农村集体养老基础设施、提高资本支持农村社会养老建设的水平、提升农民自主支付力度等，均是提高黑龙江省农村社会养老服务支付能力的策略机制。在以上对策的作用下，黑龙江省可实现各个主体协同发展，依托中央和地方财政在城乡一体化养老体系结构以及农村社会养老保险产业发展方面的支持和导向，将夯实资金基础、提高基础设施建设水平、充分发掘农村及农民自主支付能力和潜力、促进多主体协同参与农村社会养老服务体系结构及支付机制发展。这也是现阶段我国农村社会养老服务支付体系逐步完善、黑龙江省农村社会养老服务支付机制不断健全的阶段性对策。下文将针对上述对策提出提高黑龙江省农村社会养老服务支付能力的保障性措施，以期对上述对策加以支持，保障黑龙江省农村社会养老服务支付能力的实现，提高黑龙江省农村居民的社会养老水平，促进城乡居民共享改革开放的红利。

8 提高黑龙江省农村社会养老服务支付能力的保障措施

8.1 政 策 保 障

8.1.1 确保政策制定的合理性

提高农村社会养老金发放水平和额度是确保政策制定合理性的前提。2018 年我国财政提高了对新农保的扶持水平，实现新农保的“14 连涨”，由各省市制定具体上调方案。农民领取的养老保险金水平增加，则提升了农村社会养老服务的支付能力。中央和地方对新农保的扶持政策要具有持续性。农民收入较低、社会养老保险的支付能力较弱、城乡居民收入存在比较大的差距和城乡居民养老保险金差距较大的客观现实情况要求政府的政策长期执行下去，而非一朝一夕。地方政府根据各地的实际情况制定具体的扶持水平和扶持额度。确保扶持政策切实可行，落到实处。

根据美国学者威伦斯基和莱博克的理论，按照政府在福利供给中的职责，将社会福利制度分为补缺型与制度型。补缺型是政府起辅助作用，福利供给以家庭和市场为主。制度型社会福利制度是政府按照需要的原则，向全体人民提供普惠性服务。依据该标准衡量黑龙江省的农村社会养老服务体系，属于典型的补缺型社会福利制度。按照我国之前的经济发展规律，优先发展城镇社会养老服务，现有的农村社会养老服务多数以城镇为蓝本，没有根据农村养老服务实际情况进行设计。全国统筹的城乡一体化养老金制度较难实现，黑龙江省政府建立全省统筹的城乡一体化养老金制度。农村养老金水平提高了，也就提高了农村社会养老服务的支付能力。一是改变一直以来的不公平现象，我国以前优先发展城市及城市相关事务，在城乡二元制体制下，制度具有不合理性，参与社会劳动且为经济发展做出贡献的公民应该有权享受同样的待遇；二是老年农村人口向城市转移，该趋势当前依旧不可扭转。赴子女所在的城市中生活是农村老年人养老所需，如果以户籍来区分待遇资格，显然是不合理的；三是解决农村养老服务支付能力地域不平衡的状态。在集体经济发展较好的地区，尤其是距离城市较近的郊区，老年人的社会养老支付能力强[163]。而在相对比较偏远的地区，经济发展水平落后，基本没有集体经济收入，农民自身收入水平低，购买农村社会养老服务的支付能力就会很低。省级统筹后，降低了“马太效应”的消极影响。

政府对农村社会养老支付能力的扶持政策还包括对社会养老服务机构或企业的土地、税收、信贷等方面的优惠[164]。政府支持民间资本进入养老服务产业，为机构或企业在土地使用审批环节提供优惠政策，包括废旧厂房改造和荒滩、荒地的开发，并且给予税收优惠，在信贷方面降低审批标准，这样农村社会养老服务机构成本降低，养老服务产品价格就会降低，农村老年人就能更多地购买社会养老服务产品。

8.1.2　确保群体间政策针对性

财政对农村养老保险的扶持和补贴来自政府的转移性支出。政府的转移性支出是政府无偿提供给个人的，带有福利性，分为一般性转移支出和专项转移支出。对农村社会养老保险的补贴应该被列为专项转移支出。政府提高农村基础养老金水平。黑龙江省2016年、2017年、2018年的城乡社会养老金标准分别为：70元/(人·月)、80元/(人·月)、90元/(人·月)。提升低保户和五保户的救助标准。农村低保户和五保户是绝对贫困群体，根据黑龙江省目前的救助水平，黑龙江省目前农村低保户每人每年的补助金额为3900元[165]，平均一个月不到350元，在现在的消费水平下，该部分群体难以维系正常生活。

8.1.3　确保政策及时变化调整

前文针对提高黑龙江省农村社会养老服务支付能力对策进行了论述，指出了8方面的对策和建议：央地财政扶持、社会组织的介入性、农村村集体投入、村民筹资养老意愿、企业投入农村养老、建设农村集体养老设施、资本支付辅助水平和农民自主支付意愿。要为这些政策的实施制定实施机制。包括这些政策实施的组织、协调和监督。提高农村社会养老服务支付能力的对策提出以后，需要进行具体的实施工作，在实施过程中主要包含组织、协调和监督工作。组织政策实施涉及对各类资源进行整合，按照计划进行实施。协调和监督工作要以约束性指标的制定为前提。根据指标适当调整进度。应要明确责任主体，制定实施进度要求，且审计机关应当对政策的实施进行审计监督。

8.2　组织保障

8.2.1　设定专门管理组织

根据对黑龙江省部分农村社保管理部门的调查，存在着管理部门人员紧张，人力物力匮乏的现象。缺乏专门性农村社会养老服务支付管理部门。农村社会养老服务是新时期农村社会养老的重要组成部分，在家庭功能弱化和农村劳动力外流的状况下，农村社会养老服务承担更多的农村老年人养老需求。而持久的社会养老服务多数是有偿的、商品化的，这需要有需求的农村老年人具备相应的支付能力，否则无法满足养老需求。所以，农民的支付能力是社会养老服务的关键。农民购买农村社会养老的支付能力由政府、集体和个人支付能力构成，政府责无旁贷。所以政府应该成立专门的农村社会养老服务支付能力的管理机构，从政府责任角度完成财政转移支付、农村养老保险金的收缴，运营和发放工作。

8.2.2　引导社会组织参与

引导社会组织参与到农村社会养老服务的供给和管理中来，政府给予从事农村社会养老服务的企业提供税收和土地方面的优惠政策。农村社会养老服务产业主体的构成多元化，既有政府主办的公立机构，也包含企业和社会组织举办的营利企业或非营利机构。或者政府与社会组织合作的形式——民办公助，或者公办民营。农村社会养老服务产业具有比较广阔的发展前景和空间，我国人口老龄化程度比较严重，“未富先老”，农村养老问题尤为突出。农村社会养老服务是解决新时期我国农村养老问题的重要途径，新时期农村家庭养老功能减弱，且青壮年劳动力大量外流，空巢老人比例增加。同时，因为农村地区人口居住分散，无法集中提供社会养老服务，因此提供服务的成本较大，加上农村老年人支付能力相对较弱，所以企业或营利组织较难开展业务，回收成本周期过长，若无政府扶持政策，则极少企业或营利组织进入该领域，农村社会养老服务的供给与需求的不平衡状态加剧。

8.3 人 员 保 障

我国社会养老服务人员普遍存在受教育程度低、缺乏专业护理技能等不足，因此提供的服务水平较低，也降低了老年人的购买意愿。日本是目前世界上老龄化最严重的国家，日本是养老服务专门人才教育的先发国[166]，我国应当参考日本的社会养老服务人员的培养和认证体系，培养高素质、高水平的农村社会养老服务人才队伍。

8.3.1 提高管理人员素质

具体提供农村社会养老服务行为的主体是从业人员。从业人员素质高低直接决定社会养老服务的质量。农村社会养老服务具有特殊性，需要从业人员具备更多耐心和爱心。老年人由于受身体健康因素影响，部分老年人伴有疾病、失能或半失能、易怒、忧郁、自卑等状态。服务行业属于劳动密集型产业，从事社会养老服务的难度较大，需要从业人员具有较高的文化素质和专业素质。

(1) 高等院校培养社会养老服务的专门人才。我国社会养老服务人才的教育工作专业化水平较低，缺乏完整的人才培养体系。培养机构多数是中级职业院校。高等院校缺乏相关的专业设置。本科层次的相关专业极少，无法满足我国老龄化社会对专业人才的需求。社会养老人才培养的当务之急是培养高层次的专业人才。在高等学校设置相关专业，参照日本等养老人才教育水平高的国家制定相对完备的人才培养体系和课程设置。

(2) 社会养老服务人员应具备多样化、多层次的特点。养老服务须要满足老年人多样化、多层次需求。社会养老包括居家养老、社区养老和机构养老。不同类型的老年人根据自身特点选择合适的社会养老形式。农村老年人有基础的生理健康需求和精神心理需求。这就要求社会养老服务从业人员的构成中包括专业人员和非专业人员。专业人员主要提供康复护理和医疗保健服务。具体为诊断服务、康复指导、药物管理及常规一般治疗，以及娱乐服务和特殊病症的护理规划。非专业人员主要提供生活照料和家政服务。如代理购物、助浴、打扫、洗涤衣物、维修居家设施等家政服务。

(3) 社会养老服务人员要具备高度的责任心和爱心及耐心。社会养老服务的对象是老年人。不同健康程度的老年人需求不同。健康情况较好的老年人可以选择居家养老甚至为其他老年人提供相应的养老服务或进行互助养老。健康状况不好的老年人会出现失能、半失能状态，并伴有孤僻、自卑、抑郁、急躁等状态，需要提供社会养老服务的人员要有责任心、爱心和耐心。社会养老服务行业是特殊服务行业，需要从业人员具备良好的沟通能力和观察能力。这样才能实现社会养老服务的目的和作用。

8.3.2 提高人员专业化水平

(1) 吸引和留住农村社会养老服务人才。解决人员匮乏问题是农村社会养老服务的当务之急。农村社会养老服务人员一般为农村留守劳动力，而当前留守人口多为妇女儿童和老人。当地能够提供社会养老服务的人员唯有妇女和健康状况好的老年人。人员紧张且不具备专业技术，仅为提供社会养老服务人员中的非专业人员。所以，农村社会养老服务急缺专业人才。而农村地区经济发展落后，农民居住分散，社会养老服务的成本较高，这些都限制了农村养老市场的吸引力，较难吸引和留住人才。社会养老需要政府主导，政府相关部门应该制定相应倾斜政策，为在农村从事养老服务的人员提供制度和职业发展的保障，如保证一线工作人员晋升高级主管的机会等。对于农村留守且能提供社会养老服务或互助养老的老年人实行时间储蓄制度，待上述老年人需要接受社会养老服务时，则可免费兑换此前储蓄时间等额的社会养老服务等。

(2) 完善并推广社会养老服务专门人才的国家资格标准。2002 年，我国劳动与社会保障部制定并颁行《养老护理员资格国家标准》，2009 年进行了修订，但是标准没有得到有效普及。各地养老服务人员专业水平普遍偏低。根据民政部职业技能鉴定指导中心办公室 2007—2015 年发布的养老护理员职业技能鉴定工作报告中披露的数据整理可知：截至 2015 年我国养老护理员累计持证人数 23811 人，黑龙江省养老护理员累计持证人数 463 人。黑龙江省养老护理员持证人数与其他省份对比，相对较少。专业养老护理员的数量远远不能满足城乡老年人的养老需求。而且由于下证周期长等原因，真正从事养老护理的专业养老护理员人数要比获得资格证的人数还要少。所以，民政部门应在原有国家标准基础上不断完善资格标准，采用多种渠道推广职业标准，吸引更多人从事农村社会养老服务产业，如广东省大力吸引农村剩余劳动力投身农村社会养老服务产业。

人力资源管理是一项长期的、连贯性的工作。吸引和留住人才是初步工作，在人员配置等基础性工作完成后，需要对人员进行培训与开发、考核、控制和协调等工作。黑龙江省农村地区经济发展相对落后，农村居民居住较为分散，对于从事提供农村社会养老服务的企业和个人的吸引力较小。政府部门作为人力资源管理的主体应该发挥主体和主导的作用，对不同区域的从事社会养老服务的人员进行协调，确保有效满足农村老年人的社会养老服务需求。

8.4 资金保障

8.4.1 央地财政补贴保障

(1) 财政对农村社会养老服务的补贴制度。我国在城乡老年人养老领域的补贴水平较低，老年人的养老服务费的最主要的支付主体是老年人自己及所在家庭，这部分人占比 95%以上，其他途径（包括财政补贴）占比不到 5%[167]。近年来，随着我国老龄化进程，和社会养老压力的增加，政府逐渐重视社会养老服务支付能力。有些省份开发出适合的方法和形式。比如江苏省、广东省主要采用发放养老服务券的形式。按月发放给老年人。养老服务券可以购买各种居家养老服务产品，包括：上门理发、家政服务、上门助浴、康复训练、陪医就诊、上门送餐、陪伴外出、空调清洗、家电维修、开锁疏通管道等上门服务项目。还可以购买机构类养老服务，老年人如果选择机构类养老服务，服务券可以抵扣床位费。

社会养老服务补贴属于社会福利制度，根据我国“未富先老”的实际情况，我国福利制度属于补缺型，而不是普惠型或制度型。所以黑龙江省应根据当地实际情况制定具体的补贴制度。为农村社会养老服务的发展提供资金保障。从而提高黑龙江省农村社会养老服务的支付能力。补贴的发放形式可以分为服务券和现金。发放工作落到实处，保证养老服务补贴发到老人手中。养老服务券要制定具体面额，实行实名制，不得转让。并且制定具体的有效期限。

(2) 财政支出优先补贴农村社会养老服务。前文已阐述，我国农村老龄化程度高于城镇老龄化程度，农村养老问题亟待解决，解决我国养老问题的关键是解决好农村养老问题，随着农村家庭结构的变化和劳动力外流，家庭养老功能弱化，社会化养老的作用持续增大。更多农村老年人逐渐选择社会养老的形式进行养老。我国农村地区经济发展落后，农村社会养老没有足够的资金支持。所以需要财政进行优先补贴，建设必须的医疗卫生服务基础设施。

同时，可以加大对农村养老专业人员——农村养老护理员的专业培训，为社会养老机构聘请专业的管理人才，大力推行养老护理员的资格准入制，吸引吸收更多人投身到农村养老服务产业中来，这些都需要大量资金投入，仅靠农民个人和集体支出无法实现。

8.4.2 非营利组织参与农村社会养老服务的提供

非营利组织是指不以营利为目的的组织，其目标通常是支持或处理个人关心或者公众关注的议题或事件。非营利组织是指在政府部门和以营利为目的的企业之外的一切志愿团体、社会组织或民间协会，是介于政府与营利性企业之间的“第三部门”。非营利组织在农村社会养老服务中起到不可或缺的作用。农村社会养老服务产业是特殊产业，不同于一般的传统产业。农村社会养老服务属于准公共品且带有福利性，从事农村社会养老服务的组织不仅是一般意义上的营利型组织或企业。不以营利为目的非营利组织是农村社会养老服务的主要提供者，通过非营利组织的参与，可拓宽农村社会养老服务资金渠道，鼓励和引导社会资金参与农村社会养老服务产业。

(1) 建立非营利组织与政府在农村养老服务中的契约关系。依据《现代汉语词典》的释义，契约是依照法律订立的正式的证明、出卖、抵押、租赁等关系的文书。契约关系是平等的关系，契约分为多种形式：书面契约、口头契约等。非营利组织与政府在养老服务中的契约关系应该采取书面契约的形式。政府和非营利组织分工明确，相互合作。政府主要负责制定农村养老服务的相关政策和规则，确定农村养老服务项目的内容和标准。除此之外，政府作为农村养老服务的主导者，负责监督并促进非营利组织提供优质的农村社会养老服务产品，落实农村社会养老服务政策，确保农村社会养老服务的水平。非营利组织主要负责向农村老年人提供社会养老服务，在政府政策和规则指导下，提供优质的农村社会养老服务产品。政府与非营利组织互相合作，平等互利，发挥各自的特定职能，更好地满足农村老年人对社会养老服务的需求。

(2) 加强对非营利组织参与农村社会养老服务的支持。政府应加强对非营利组织参与农村社会养老服务的支持，非营利组织是重要的农村社会养老服务的提供者。首先，政府应健全有关非营利组织参与农村社会养老服务的法律法规[168]。为非营利组织经营农村社会养老服务提供统一的标准和规范、统一的管理制度和考核标准。应使非营利组织在农村社会养老服务产业规范、长足发展。其次，政府为非营利组织提供税收等优惠的政策支持。税收优惠能使非营利组织减少开支，节约成本，扩充社会养老服务投资金额。政府通过宣传鼓励更多的社会资金捐助非营利组织。社会资金捐助是非营利组织参与农村社会养老服务的资金来源之一。再次，政府要建立科学的监督和评估机制。监督非营利组织参与农村社会养老服务的全过程，包括所提供服务的品质和提供社会养老服务的效率。这是非营利组织规范经营和持续发展的必备外部条件。政府要成立专业的机构或者聘请独立第三方建立评估机制。要保证评估结果的客观性和公正性。应对非营利组织参与农村社会养老服务的进展情况、资金运转情况进行有效监督，还要对农村社会养老服务人员的资格审批和考核进行监管。如每年定期举办养老护理员的资格认证工作，为满足农村社会养老服务产业对人员的需求，增加资格认证工作的次数，并根据农村养老服务需求的具体情况定期或不定期修改和完善职业资格审定标准。

(3) 提高非营利组织自身的能力。根据目前非营利组织发展存在的问题，结合农村社会养老服务的具体情况，找出提高非营利组织参与农村社会养老服务的能力的途径。首先，非营利组织要完善内部控制制度。根据 2008 年 5 月 22 日印发的《企业内部控制基本规范》，内部控制是企业管理层和全体员工实施的，为了实现控制目标的过程。是全面、全员、全过程控制。内部控制的目标是保证企业经营的合法性、资产安全、财务报告及相关信息完整，并且提高企业经营效率和效果，推进企业实现经营目标。根据内部控制的要素，非营利组织要健全内部环境，主要包括治理机构、企业组织设置及分权、组织文化管理等。非营利组织要能够进行风险评估，能及时识别和分析组织运行活动中遇到的风险，并能够制定相应对策。采取控制活动，将风险控制在可承受度之内。非营利组织要在组织内部和组织外部确定信息与沟通机制，确保企业及时准确地收集、传递信息，保障组织的有效沟通。要进行内部监督，这是内部控制的关键环节，内部监督能够监督检查内部控制的建立与实施情况，如果发现与计划有差别，要及时进行修正和改进。其次，非营利组织要提高筹资能力。非营利组织通过自身筹资，获得资金来源，能够减轻政府负担，降低农村社会养老服务产品价格，为提升农村社会养老服务支付能力提供资金保障。非营利组织筹资要重点建设筹资网络[169]。分别建立产品导向筹资网络、推销导向筹资网络和捐赠人导向筹资网络。以产品为导向的筹资网络是指非营利组织设计产品——公益项目，通过聘任的项目高级管理人员的社会资本来吸引投资；推销导向的筹资网络是指非营利组织组织专门的筹资人员，在有产品（公益项目）的基础上，说服潜在捐资人参加公益活动，提供社会资本，并利用筹资人和捐资人形成的社会网络继续进行宣传，寻找潜在捐资人；捐资人导向筹资网络是指根据捐资人的意愿进行规划和设计工艺项目，将捐资人需求和社会需求有机结合，能够吸收捐资人的捐资还能够通过捐资人吸引更多的潜在捐资人。再次，提高非营利组织的公信力。非营利组织的公信力是公众认可的基础和前提。而非营利组织的公信力表现为对利益相关者的责任。包括非营利组织所提供的产品，在农村社会养老服务中表现为非营利组织为满足农村老年人养老服务需求所进行的一系列服务工作，满足服务对象需求。除此之外，还要满足捐资人的需求、非正式组织员工的需求。同时，政府也是非营利组织的利益相关者，政府为非营利组织运行提供必备的良好的运行环境。最后，还要兼顾与非营利组织竞争的其他机构的利益，如营利组织等。我国非营利组织发展处在初期阶段[170]，主要可以通过以下方式提高公信力：定期评定行政主管的工作绩效。行政主管是非营利组织的主要负责人，个人工作业绩直接反应组织的绩效和影响，每年至少评定一次，发现问题，及时整改。同时，规范非营利组织行为。非营利组织在农村社会养老服务产业中要按所属行业规范进行运行，比如服务质量、从业人员资格和水平等。最后，确保非营利组织机构和规范健全。非营利组织内部根据职责进行明确分工，组织运行各个环节有明确的规章制度。

（4）社会公众提高对非营利组织参与农村社会养老服务的认可度。非营利组织是农村社会养老服务的重要提供主体，在与政府契约关系的背景下，发挥着不可或缺的作用。首先，提高对非营利组织参与农村社会养老的认可。我国政府无法提供全面覆盖的社会公共服务体系，仅靠政府提供社会公共服务是不够的，非营利组织参与农村社会养老服务，成为农村社会养老服务的重要组成部分。非营利组织要提供质量优良的服务产品，人们会增加对其认同感，从而公众提高对非营利组织的支持力度，为非营利组织发展提供广阔的空间。其次，要发扬志愿精神，培育志愿文化。非营利组织的基础和根基是志愿精神。非营利组织的主要推动者是志愿的，基本的参与者和支持者也是志愿的。非营利组织的发展需要社会文化和观念认可。我国目前处于经济发展转型期，人们的价值观随之发生变化，在经济迅速发展时期，人们对个人财富和地位的追求变得尤为紧迫，而非营利组织发展的基础——志愿精神和公益精神匮乏。非营利组织要注重发扬志愿精神，培育志愿文化。通过新闻媒体、报纸、广播电视等途径，广泛宣传非营利组织参与农村社会养老的典型案例，使人们对非营利组织的作用有客观的理解和认可。

8.5 本章小结

本章论述提高黑龙江省农村社会养老服务支付能力的保证性措施。要提高黑龙江省农村社会养老服务支付能力，政府和其他社会养老服务主体要提供政策保障、组织保障、人员保障和资金保障。在政策保障方面，首先政府确保中央和地方扶持政策的持续性。其次要制定扶持政策的实施机制。包括政策的组织、协调和监督工作。在组织保障方面要制定专门的管理部门，专门管理黑龙江省农村社会养老服务支付体系。引导社会组织参与黑龙江省农村社会养老服务，给予相应的优惠政策。在人员保障方面，要提高社会养老服务从业人员素质。高等院校要设立相关专业培养社会养老服务高素质人才。提高农村社会养老服务人力资源管理水平，吸引和留住农村社会养老服务人才。在资金保障方面，提高非营利组织的参与性，建立非营利组织与政府的契约关系。在提出提高黑龙江省农村社会养老服务支付能力的对策前提下，上述保障措施保障对策的有效实施，用以逐步提高黑龙江省农村社会养老服务的支付能力，更好地解决黑龙江省农村社会养老问题，为我国应对老龄化问题提供参考。

结论

老年人养老问题与多项社会发展因素具有内在关联性，该问题不但涉及社会保障领域，更涉及医疗卫生领域和公共服务领域。农村社会养老服务支付问题作为农村老年人以社会化方式养老过程中面对的首要问题，在当前农村社会养老保险替代率不高，新农保与新农合有待健全的整体背景之下，农村地区应以社会养老服务弥补家庭养老的短板。黑龙江省作为我国东北地区的重要省份，在人口老龄化的趋势之下，尝试建立多元化农村社会养老服务支付体系，成为缓解省内农村社会养老问题的关键。本书运用文献分析法、定性与定量相结合、数据分析法以及归纳演绎法等研究方法对黑龙江省农村社会养老服务支付能力问题进行了研究，通过研究得到以下几方面结论。

（1）黑龙江省当前农村社会养老服务中存在多项问题。城乡资源分配比例的不均衡使得黑龙江省中心城市的社会养老服务资源倾斜程度远高于农村地区，且省内经济社会区域发展水平的不平衡使得省内不同城市的社会养老资源拥有程度及发展情况存在显著差别。当前，政府尝试以多种方式扩大农村社会养老服务供给性，政府的财政性补贴的直接供给、民间性资本的联动等均对于黑龙江省农村社会养老服务产业具有一定的支撑性。从服务途径上看，生活照料服务、康复理疗服务、家政服务、医疗保健服务以及紧急救援服务等均是农村社会养老服务的涵盖领域。以上社会养老服务的高覆盖性印证了该运行机制当前已日趋成熟的特征，也客观上印证了黑龙江省在农村社会养老服务的供给上初步形成规模。

（2）支付主体、方式多样化。从黑龙江省农村社会养老服务支付能力构成及作用方面看，基于政府、家庭及个人为支付主体的方式，基于个人、家庭及农村自治组织的支付主体构成方式均是黑龙江省农村社会养老服务的支付主体。而从支付方式上看，基于主体的支付方式和基于顺序的支付方式等均是其支付机制。从各类社会养老服务的支付能力上看，省内农村老年人口对日常生活照料服务的整体需求程度和支付意愿偏低，农村老年人口较低的支付能力以及家庭供养水平限制了日常生活服务的支付能力[171]；在康复理疗方面，农村老年人口在该方面的整体支付能力和需求水平相对一般，农村老年人口的养老质量或受限；从家政服务上看，省内农村老年人口在该方面的需求整体缺乏差异性和弹性；在医疗保健和紧急救护方面，由于该方面的支付机制较为成熟，且服务的属性与普通类别的社会养老服务存在根本上的不同，其支付能力尚可，但依旧有提升的空间。针对省内在上述方面的状况进行阐述，可知黑龙江省在整体农村社会养老服务的支付水平上有待提升，其薄弱的支付基础和庞大的需求空间形成双向矛盾。

（3）多种因素影响农村社会养老服务支付能力。通过将养老支付维度划分为政府及政策投入、非营利机构投入、养老企业投入、村集体等村民自治组织的投入以及农村及家庭资金投入等几方面，可知多项因素在农村社会养老服务支付中具有影响[172]。其中，家庭总体支付能力的高低、社会养老产业发展水平、公有制企业投入社会养老服务业的程度、央地财政投入规模、新农保支付水平等因素在黑龙江省农村社会养老服务支付中拥有显著的影响。对此，黑龙江省当前应当建立多主体合作机制，建立多主体协同支付模式，尝试探索多途径补充的新型农村社会养老服务支付机制。同时，提高央地财政在农村养老产业方面的扶持力度，并提高社会组织的介入性，激活农村村集体投入效能，最大程度上激活村民筹资养老的意愿。与此同时，提高企业农村养老倾斜，建设农村集体养老设施，提高资本支付辅助水平并提升农民自主支付水平，以多方联动途径建立良性的支付策略体系[173]。最后，黑龙江省也应当建立保障性机制以确保政策制定效果和落地性，确保群体间政策针对性，并确保政策及时变化调整以建构政策保障；设定专门管理组织，引导社会组织参与并选择适当监督机构以建构组织保障；提高管理人员素质，提高人员组织水平以建构人员保障；提高央地财政扶持水平并提高非营利组织参与性以建构资金保障，为黑龙江省建立健全农村社会养老服务支付体系提供基础性保障，加快省内社会养老服务惠及农村地区的速度，完善城乡共享的社会养老服务支付制度。

在以上措施的作用下，黑龙江省可逐步提高农村社会养老服务支付能力，建立多主体联动、多方协调的农村社会养老服务业支付制度[174]。有效弥补黑龙江省在农村社会养老服务及其他养老产业支付机制上的薄弱和不足，激活社会性主体在养老支付运行中的效能，为提高省内社会养老服务业的运行水平、各主体在养老支付中的协同性，为省内农村老年人打造良好的社会养老服务产业提供帮助。

参考文献

[1] 老龄蓝皮书：中国城乡老年人生活状况调查报告（2018）[EB/OL]. 中国老龄科学研究中心与社会科学文献出版社.

[2] 周莹，梁鸿. 中国农村养老资源缺失问题研究 [J]. 南方人口，2005，20（4）：52-56.

[3] 张恺悌. 中国人口老龄化与老年人状况蓝皮书 [M]. 北京：中国社会出版社，2010.

[4] 曾毅，陈华帅，王正联. 21世纪上半叶老年家庭照料需求成本变动趋势分析 [J]. 经济研究，2012（10）：134-149.

[5] 杜鹏，邬沧萍. 跨学科交叉研究与21世纪老年学的发展 [J]. 中国人民大学学报，2001，V（03）：68-70.

[6] 穆光宗，张团. 十字路口的中国人口：危机与挑战——《公开信》前后的人口问题和中国道路 [J]. 思想战线，2011，37（3）：1-8.

[7] 赵曼. 中国养老保险体系的转移负担与脆弱性 [J]. 经济管理，2010（12）：151-157.

[8] 于保荣，孟庆跃，严非. 新型农村合作医疗筹资水平与筹资能力分析 [J]. 中国卫生经济，2008，27（9）：51-53.

[9] 苏永刚，吕艾芹，陈晓阳. 中国人口老龄化问题和健康养老模式分析 [J]. 山东社会科学，2013（4）：42-47.

[10] 杨继军，张二震. 人口年龄结构、养老保险制度转轨对居民储蓄率的影响 [J]. 中国社会科学，2013（8）：47-66，205.

[11] 董振廷. 机关事业单位养老保险改革对于财政支付压力的影响分析——以中小学教师为例 [J]. 社会保障研究，2016（5）：27-36.

[12] 郑功成. 从地区分割到全国统筹——中国职工基本养老保险制度深化改革的必由之路 [J]. 中国人民大学学报，2015，29（3）：2-11.

[13] 张苏，王婕. 养老保险、孝养伦理与家庭福利代际帕累托改进 [J]. 经济研究，2015，50（10）：147-162.

[14] 王仕明. 新形势下社保养老基金支付风险浅析 [J]. 中国集体经济，2017（18）：121-122.

[15] 周亚楠. 养老保险基金支付研究文献综述 [J]. 管理观察，2018（24）：151-152.

[16] 尚长风，张瀚文. 土地流转及农村养老保险制度设计 [J]. 审计与经济研究，2008，23（3）：78-82.

[17] 宋明岷. 新型农村社会养老保险制度筹资机制研究 [J]. 农村经济，2011（2）：86-91.

[18] 肖霖，王庆妍，唐四元. 城乡空巢老年人的养老现状分析 [J]. 护理研究，2013，27（20）：2060-2061.

[19] 穆怀中，沈毅，樊林昕，等. 农村养老保险适度水平及对提高社会保障水平分层贡献研究 [J]. 人口研究，2013，37（3）：56-70.

[20] 陈东，张郁杨. 不同养老模式对我国农村老年群体幸福感的影响分析——基于CHARLS基线数据的实证检验 [J]. 农业技术经济，2015（4）：78-89.

[21] 安亚强，班晓娜. 农村老年居民养老意愿影响因素分析——基于辽宁省部分地区的调查 [J]. 辽宁经济，2017（7）：30-31.

[22] 班晓娜，赵小莹. 农村居民实现老年期体面生活的途径分析——基于辽宁地区的调查 [J]. 老龄科学研究，2017，5（9）：61-68.

[23] 盛见．我国养老产业供需失衡问题及其对策研究［J］．中州学刊，2018（11）：52－57．

[24] 班晓娜，李东阳．养老需求、养老支付能力与发展养老产业——基于大连地区的调查［J］．大连干部学刊，2013，29（7）：49－52．

[25] 魏文斌，李永根，高伟江．社会养老服务体系的模式构建及其实现路径［J］．苏州大学学报（哲学社会科学版），2013，34（2）：48－52．

[26] 李红凤．养老机构服务质量的提升之策［J］．中共山西省委党校学报，2016，3（6）：108－110．

[27] 王培培，李文．PPP模式下社会养老服务体系建设的创新与重构［J］．理论月刊，2016（8）：135－140．

[28] 林闽钢，梁誉．准市场视角下社会养老服务多元化筹资研究［J］．中国行政管理，2016（7）：70－76．

[29] 睢党臣，彭庆超．"互联网＋居家养老"：智慧居家养老服务模式［J］．新疆师范大学学报（哲学社会科学版），2016，37（5）：128－135．

[30] 赵子乐，黄少安．二元社会养老保障体系下的转移支付［J］．金融研究，2013（2）：33－45．

[31] 张庆君，苏明政，郜亮亮．人口结构变迁、老龄化及其对养老保险可持续支付能力的影响——基于省际门限面板模型的实证分析［J］．云南财经大学学报，2014，30（1）：76－83．

[32] 杨志勇．养老金支付难题需要中央和地方共同来应对［J］．中国财政，2016（21）：39－41．

[33] 黄文浩，伍振强．我国基本老保险支付能力问题分析［J］．金融经济，2017（14）：154－155．

[34] 王仕明．新形势下社保养老基金支付风险浅析［J］．中国集体经济，2017（18）：121－122．

[35] 杨新荣，石以晗．我国养老保险基金的筹集、监管及其支付研究［J］．云梦学刊，2013，34（4）：85－91．

[36] 曹煜玲．我国居民养老支付能力的区域分异及筹资策略［J］．价格理论与实践，2013（6）：83－84．

[37] 黄晓，施莉．我国养老保险基金收支演化分析［J］．统计与决策，2006（13）：89－90．

[38] 楠屏．"两横两纵"之路——天津社保津南分中心养老支付工作走特色化之路纪实［J］．天津社会保险，2015（5）：6－7．

[39] 唐运舒，吴爽爽．"全面二孩"政策实施能有效破解城镇职工养老保险基金支付危机吗——基于不同人口政策效果情景的分析［J］．经济理论与经济管理，2016（12）：46－57．

[40] 彭博，吴晗，位文静，等．锦州市居民养老需求及养老支付能力的调查研究［J］．锦州医科大学学报（社会科学版），2017，15（1）：4－6．

[41] 张浩一．基于人口老龄化背景下中国城镇养老金支付能力的分析［J］．时代金融，2017（3）：266，274．

[42] 苏保忠，张正河．西方发达国家农村养老制度及其启示［J］．当代经济，2007（12）：48－50．

[43] 王英．国外养老制度一览［J］．理论参考，2013（11）：64．

[44] Humble，R. A.，D. G. Ryan. Continuing care retirement communities—Attractive to Members，but what about sponsors？.［J］. British Actuarial Journal，1998，4（3）：547－614.

[45] Groger，Lisa，Jennifer Kinney. CCRC here we come! Reasons for moving to a continuing care retirement community.［J］. Journal of Housing for the Elderly，2007，20（04）：79－101.

[46] Walsh K，O'shea E. Responding to rural social care needs：older people empowering themselves，others and their community［J］. Health & Place，2008，14（4）：795－805.

[47] Vullnetari，Julie，Russell King. "Does your granny eat grass?" On mass migration，care drain and the fate of older people in rural Albania［J］. Global Networks，2008，8（2）：139－171.

[48] Wark S. Ageing，end－of－life care，and the National Disability Insurance Scheme：what can we learn from overseas?［J］. Journal of Intellectual and Developmental Disability，2015，40（1）：92－98.

[49] Muramatsu，Naoko，Hongjun Yin，Donald Hedeker. Functional declines，social support，and mental health in the elderly：does living in a state supportive of home and community－based services make a difference?［J］. Social Science & Medicine，2010，70（7）：1050－1058.

[50] Aoun, Samar M, Wall David, Kristjanson Linda J,, et al. Palliative care needs of terminally ill people living alone: A service provider perspective [J]. Collegian, 2013, 20 (3): 179-185.

[51] Stein J, Pabst A, Weyerer S, et al. The assessment of met and unmet care needs in the oldest old with and without depression using the Camberwell Assessment of Need for the Elderly (CANE): Results of the AgeMooDe study [J]. Journal of affective disorders, 2016, 193: 309-317.

[52] Barnay, Thomas, Sandrine Juin. Does home care for dependent elderly people improve their mental health? [J]. Journal of health economics, 2016, 45: 149-160.

[53] Aydin, R., Unal E., Gokler M. E., et al. An evaluation of home health care needs and Quality of Life among the elderly in a semi-rural area of Western Turkey [J]. European Geriatric Medicine, 2016, 7 (1): 8-12.

[54] Saltus R, Pithara C. "Care from the heart": older minoritised women's perceptions of dignity in care [J]. International Journal of Migration, Health and Social Care, 2015, 11 (1): 57-70.

[55] Henderson, Emily J., Gideon A. Caplan. Home sweet home? Community care for older people in Australia [J]. Journal of the American Medical Directors Association, 2008, 9 (2): 88-94.

[56] Momtaz, Yadollah Abolfathi, et al. Unmet needs among disabled elderly Malaysians [J]. Social Science & Medicine, 2012, 75 (5): 859-863.

[57] Koike, Soichi, Yuji Furui. Long-term care-service use and increases in care-need level among home-based elderly people in a Japanese urban area [J]. Health Policy, 2013, 110 (1): 94-100.

[58] Nagaya, Yoshiyuki, Angela Dawson. Community-based care of the elderly in rural Japan: a review of nurse-led interventions and experiences [J]. Journal of community health, 2014, 39 (5): 1020-1028.

[59] Liu Li-Juan, Fu Yun-Feng, Qu Li, et al. Home health care needs and willingness to pay for home health care among the empty-nest elderly in Shanghai, China [J]. International Journal of Gerontology, 2014, 8 (1): 31-36.

[60] 李江一．社会保障对城镇老年人劳动参与的影响——以原城镇居民社会养老保险为例 [J]．人口与经济，2018 (2)：91-103.

[61] 王翌秋，陈青霞．养老金收入对农村家庭代际转移的影响 [J]．金融经济学研究，2017 (5)：117-128.

[62] 费友海．我国农业保险发展困境的深层根源——基于福利经济学角度的分析 [J]．金融研究，2005 (3)：133-144.

[63] 范国斌，于翠婷，鲁万波．养老模式及其不平等对农村老年人健康的影响分析 [J]．农业技术经济，2018 (1)：84-97.

[64] 马旭东，史岩．福利经济学：缘起、发展与解构 [J]．经济问题，2018 (2)：9-16.

[65] 肖云，随淑敏．我国失能老人机构养老意愿分析——基于新福利经济学视角 [J]．人口与发展，2017，23 (2)：92-99，91.

[66] 周玲玲，段鑫鑫．农村家庭养老经济供养状况及影响因素——基于山东省阳谷县 Z 镇的调查 [J]．贵州社会科学，2017 (10)：162-168.

[67] 余鹏峰．反避税视角下的《个人所得税法》修改 [J]．税务研究，2018 (2)：68-73.

[68] 林丽英，谷曼．哈耶克与诺斯制度变迁理论的一致与互补 [J]．山西师大学报（社会科学版），2018，45 (4)：68-70.

[69] 戴卫东．中国农村社会养老保险制度研究述评 [J]．中国农村观察，2007 (1)：71-79.

[70] 卢现祥，朱迪．中国制度变迁 40 年：回顾与展望——基于新制度经济学视角 [J]．人文杂志，2018 (10)：13-20.

[71] 张琦．公共物品理论的分歧与融合 [J]．经济学动态，2015 (11)：147-158.

[72] 沈满洪，谢慧明. 公共物品问题及其解决思路——公共物品理论文献综述 [J]. 浙江大学学报：人文社会科学版，2009，39 (6)：133-144.

[73] 关慧. 中国农村公共物品供给不足的财政政策研究 [D]. 沈阳：辽宁大学，2009.

[74] 张宁，李旷奇，樊毅，等. 时间偏好、收入水平与农民参保积极性——对中部两县农民参加社会养老保险的行为分析 [J]. 农业技术经济，2017 (7)：62-72.

[75] 张静. 当代中国农村养老保障的道德研究 [J]. 伦理学研究，2018 (2)：106-110.

[76] 凌红，张岩. 黑龙江省养老服务业发展问题和对策研究 [J]. 现代营销：信息版，2019 (6)：216.

[77] 佟光霁，孙纲. 黑龙江省县域农业现代化的路径选择 [J]. 理论探讨，2016 (2)：101-104.

[78] 叶响裙. 基于城乡社会养老服务发展实践的思考 [J]. 中国行政管理，2017 (9)：153-156.

[79] 李秉文. 社会救助："全民就业"式优于"全民低保"式 [J]. 经济学家，2010 (11)：28-33.

[80] 高灵芝. 农村社区养老服务设施定位和运营问题及对策 [J]. 东岳论丛，2015，36 (12)：159-163.

[81] 王辉. 农村养老中正式支持何以连带非正式支持？——基于川北S村农村互助养老的实证研究 [J]. 南京社会科学，2017，(12)：68-73，95.

[82] 徐志文，谢方. 农村社区养老合理性分析及实施对策 [J]. 农村经济，2005 (11)：11-15.

[83] 张松彪，成鹏飞. 中国农村居家养老服务发展困境及破解路径研究 [J]. 湖南行政学院学报，2019 (1)：78-83.

[84] 纪春艳. 新型城镇化视角下农村互助养老模式的发展困境及优化策略 [J]. 农村经济，2018 (1)：90-96.

[85] 李宏伟，李玉娇，张亚蓉. 健康状况、群体差异与居家养老服务保障需求——基于城乡老年人调查的实证分析 [J]. 广西经济管理干部学院学报，2011，23 (2)：30-41.

[86] 刘妮娜. 互助与合作：中国农村互助型社会养老模式研究 [J]. 人口研究，2017，41 (4)：72-81.

[87] 刘晓梅，乌晓琳. 农村互助养老的实践经验与政策指向 [J]. 江汉论坛，2018 (1)：46-50.

[88] 刘秋艳，赵轩. 基于宏观数据和CHARLS数据的农村老年人社会养老服务需要的实证分析 [J]. 农村经济与科技，2023，35 (2)：186-189.

[89] 杜鹏，孙鹃娟，张文娟，等. 中国老年人的养老需求及家庭和社会养老资源现状——基于2014年中国老年社会追踪调查的分析 [J]. 人口研究，2016，40 (6)：49-61.

[90] 张芳芳，陈习定，林学宏，等. "新农保"对农村居民消费的影响——基于浙江省的调查数据 [J]. 农业经济问题，2017 (8)：19-26，112.

[91] 刘二鹏，张奇林. 社会养老保险缓解农村老年贫困的效果评估——基于CLHLS (2011) 数据的实证分析 [J]. 农业技术经济，2018 (1)：98-110.

[92] 沈苏燕，李放，谢勇. 中青年农民养老意愿及影响因素分析——基于南京五县区的调查数据 [J]. 农业经济问题，2009，31 (11)：84-89.

[93] 于长永，代志明，马瑞丽. 现实与预期：农村家庭养老弱化的实证分析 [J]. 中国农村观察，2017 (2)：54-67.

[94] 卢晓莉. 农村"留守老人"养老服务的地方实践及启示——以成都市为例 [J]. 农村经济，2017 (4)：68-72.

[95] 穆怀中，闫琳琳. 新型农村养老保险参保决策影响因素研究 [J]. 人口研究，2012，36 (1)：73-82.

[96] 邓大松，肖山. 土地综合整治背景下的农村养老保险水平影响因素分析——以成都市温江区幸福村为例 [J]. 农村经济，2017 (4)：69-73.

[97] 刘艺，范世明. 公共产品理论指引下构建农村养老服务供给主体支持体系研究——基于不平衡不充分的视角 [J]. 湖南社会科学，2018，187 (3)：135-142.

[98] 夏金，李放. 江苏财政支持社会养老服务体系建设的问题与对策 [J]. 江苏社会科学，2017 (1)：260-266.

[99] 王婷. 政策工具的权变主义研究——基于农村社会养老保险政策的考察分析 [J]. 社会科学，

2018 (2)：37-48.
[100] 宋丽丽. 多维度管理：中国非营利组织管理的路径选择 [J]. 中国行政管理，2016 (9)：50-54.
[101] 余星，姚国章. 国外养老服务人才队伍建设比较研究——以日本、德国、丹麦为例 [J]. 经营与管理，2017 (6)：46-51.
[102] 张召华，王蕾，罗宇溪. 新农保可以替代农村家庭养老吗？——基于子女结构差异的断点回归 [J]. 经济经纬，2018，35 (4)：23-29.
[103] 吴洪，徐斌，李洁. 社会养老保险与家庭金融资产投资——基于家庭微观调查数据的实证分析 [J]. 财经科学，2017 (4)：39-51.
[104] 张邦辉，杨乐. 贵州省劳动力流出地农村老年人养老服务供需现状研究——基于毕节市农村老年人的问卷调查 [J]. 贵州社会科学，2017 (2)：97-103.
[105] 贺寨平，武继龙. 农村社区互助养老的可行性分析与问题研究——基于大同市水泊寺乡X、D两村的实地调查 [J]. 天津师范大学学报：社会科学版，2017 (6)：49-54.
[106] 鲁万波，于翠婷，高宇璇. 社会、家庭养老不平等对农村老年人健康的影响研究 [J]. 经济问题，2018 (2)：98-107.
[107] 潘宇舟，刘霓. 新型农村社会养老计划的建立：充足性与可持续性 [J]. 国外社会科学，2017 (2)：152-155.
[108] 王彦斌. 欠发达地区农村医养结合养老服务体系构建 [J]. 探索，2017 (6)：155-161.
[109] 庹国柱，朱俊生. 国外农民社会养老保险制度的发展及其启示 [J]. 人口与经济，2004 (4)：60-66.
[110] 刘继同. 英国社会救助制度的历史变迁与核心争论 [J]. 国外社会科学，2003 (3)：60-66.
[111] Lehmann-Hasemeyer，Sibylle and Jochen Streb. Does Social Security Crowd Out Private Savings? The Case of Bismarck's System of Social Insurance [J]. European Review of Economic History，2018 (22)：298-321.
[112] 肖守渊. 发达国家养老服务模式与保障体系 [J]. 中国老年学杂志，2017 (19)：4945-4948.
[113] Nye J，Link J，Hare J，et al. Changing spatial distribution of fish stocks in relation to climate and population size on the Northeast United States continental shelf [J]. Marine Ecology Progress，2009，393 (12)：111-129.
[114] 邵芬. 英国社会保障立法特征 [J]. 现代法学，2001，23 (3)：121-125.
[115] Feldstein M，Ranguelova E. Individual Risk in an Investment-Based Social Security System [J]. Nber Working Papers，2001，91 (4)：1116-1125.
[116] Colby S L，Ortman J M. Projections of the size and composition of the US population：2014 to 2060 [J]. Us Census Bureau，2017：P25-1143.
[117] 刘影春. 农村社会养老保险制度建设的国际经验及启示 [D]. 武汉：华中师范大学，2014.
[118] 胡继晔. 英国养老金：挑战、改革与监管 [J]. 中国社会保障，2011 (10)：31-33.
[119] 孙悦. 英国养老金三支柱体系分析 [J]. 劳动保障世界，2018 (20)：17-18.
[120] Lee R，Miller T. Immigration，Social Security，and Broader Fiscal Impacts [J]. American Economic Review，2000，90 (2)：350-354.
[121] Nataraj S，Shoven J B. Comparing the Risks of Social Security with and without Individual Accounts [J]. American Economic Review，2003，93 (2)：348-353.
[122] 陈蒙蒙，美国社会保障制度研究 [M]. 南京：江苏人民出版社，2008.
[123] 胡天龙，Reuven S. Avi-Yonah. 浅议美国公司税制和国际税制改革 [J]. Finance and Tax Law Review，2013，13 (00)：417-429.
[124] 刘怡，侯思捷，黄钇淼. 美国税制改革方向：基于消费地的现金流量税 [J]. 税务研究，2017 (4)：50-56.
[125] 张晓龙. 国外社会养老保险责任分担机制经验研究 [J]. 中国市场，2017 (10)：63-64+70.

[126] 穆怀中. 社会保障国际比较 [M]. 北京：中国劳动社会保障出版社，2002.

[127] 陈亚温. 艾哈德的经济理论与实践 [J]. 经济研究，1985 (12)：51-56.

[128] 朱立志，方静. 德国农民的权益保障体系 [J]. 中国农村经济，2005 (3)：75-80.

[129] 张翠娥，李容，田北海. 德国农村养老保障制度对我国的启示 [J]. 兰州学刊，2013 (6)：80-85.

[130] 杨来发. 德国社会保障制度评析及启示 [J]. 改革与战略. 2007 (6)：20-23.

[131] 郑春荣. 德国经济治理中的稳定文化——评《德国马克与经济增长》[J]. 欧洲研究，2013 (1)：127-140.

[132] 王志鹏，周卉，陈青鹤. 浅析德国农村社会养老保险制度对我国的启示 [J]. 社会科学家，2015 (3)：48-52.

[133] 娄宇. 德国社会养老保险精算制度探析——演进、理念、体例、编制流程与启示 [J]. 学术界，2018 (1)：190-202.

[134] Lebeaux，Nathan C. Industrial Society and Social Welfare [M]. New York：Free Press，1965.

[135] 郑军，张海川. 日本农村养老保险制度建设对我国的启示——基于制度分析的视角 [J]. 农村经济，2008 (7)：126-129.

[136] 郭丽爽. 人口老龄化背景下日本养老保险制度及对中国的借鉴 [D]. 天津：天津财经大学，2011.

[137] 张俊浦. 日本养老经验对我国社会养老服务体系建设的启示 [J]. 改革与战略，2014 (8)：136-140.

[138] 武亚兰，王哲. 日本养老金制度改革的分析与借鉴 [J]. 北方经济，2008 (4)：20-21.

[139] 邓大松，薛惠元. 新型农村社会养老保险制度推行中的难点分析——兼析个人、集体和政府的筹资能力 [J]. 经济体制改革，2010 (1)：86-92.

[140] 王宏波. 建立农村社会养老保险制度的理由、条件与启示——以若干国家的农村养老保险制度为例 [J]. 农村经济，2017 (12)：70-74.

[141] 黄俊辉，李放，赵光. 农村社会养老服务需求意愿及其影响因素分析：江苏的数据 [J]. 中国农业大学学报：社会科学版，2015，32 (2)：118-126.

[142] 黄俊辉，李放，赵光. 农村社会养老服务需求评估——基于江苏 1051 名农村老人的问卷调查 [J]. 中国农村观察，2014 (4)：29-41.

[143] 王婷. 中国政策结构的内在逻辑——以农村社会养老保险政策为例 [J]. 政治学研究，2018 (3)：62-71，127.

[144] 印子. 优势视角下农村养老需要及其自组织满足 [J]. 中州学刊，2017 (9)：79-84.

[145] 班涛. 农村养老的区域差异研究 [J]. 社会科学研究，2017 (5)：142-149.

[146] 辛立秋，朱晓，谢禹. 黑龙江省农村社会保障发展水平分析 [J]. 财政研究，2013 (8)：55-58.

[147] 张登利，杨斌. 新型农村社会养老保险制度待遇调整的原则及战略选择 [J]. 贵州社会科学，2018 (4)：71-76.

[148] 蒋军成，高电玻，吴丽丽. 农村社会养老保险制度保障效果及其城乡统筹 [J]. 现代经济探讨，2017 (4)：26-31.

[149] 冒佩华，徐骥. 农地制度、土地经营权流转与农民收入增长 [J]. 管理世界，2015 (5)：63-74+88.

[150] 蒋军成，高电玻，张子申. 我国社会养老服务体系供给侧改革：个省案例研究 [J]. 湖北社会科学，2018 (4)：48-57.

[151] 汤兆云. 城乡居民多支柱社会养老保险模式的构建 [J]. 社会科学家，2018 (1)：80-84，97.

[152] 陈华，边玉晶. 借力 PPP 解决养老服务产业融资难题 [J]. 中国财政，2017 (3)：56-57.

[153] Liu Qiuyan. The analysis of agricultral Internet of things product marketing by deep learning [J]. Journal Of Supercomputing，2023，79：4602-4621 .

[154] 徐倩. 发展型社会政策与社会养老服务之逻辑契合性辨析 [J]. 江苏社会科学，2017 (4)：48-56.
[155] 吴宾，唐薇. 基于知识图谱的国内养老政策研究热点主题与演化路径（2005—2016）[J]. 人口与发展，2018，24 (2)：101-112.
[156] 孙鹃娟，沈定. 中国老年人口的养老意愿及其城乡差异——基于中国老年社会追踪调查数据的分析 [J]. 人口与经济，2017 (2)：11-20.
[157] 杨志武，苑军军，宁满秀. 新型农村社会养老保险制度对农村老年人的减贫效果分析 [J]. 学习与探索，2017 (9)：126-130.
[158] 李江一，李涵. 新型农村社会养老保险对老年人劳动参与的影响——来自断点回归的经验证据 [J]. 经济学动态，2017 (3)：62-73.
[159] 王婷. 政策工具的权变主义研究——基于农村社会养老保险政策的考察分析 [J]. 社会科学，2018 (2)：37-48.
[160] 吴业苗. 农村社会公共性流失与变异——兼论农村社区服务在建构公共性上的作用 [J]. 中国农村观察，2014 (3)：57-64.
[161] 张登利，杨斌. 新型农村社会养老保险制度待遇调整的原则及战略选择 [J]. 贵州社会科学，2018 (4)：71-76.
[162] 杨翠红，王永茂. 新型农村社会养老保险个人账户设计的改进 [J]. 统计与决策，2017 (9)：77-79.
[163] 钱振伟，王翔，张艳. 新型农村社会养老保险经办服务体系研究：基于政府购买服务理论视角 [J]. 农业经济问题，2011 (2)：59-62.
[164] 刘秋艳，张素嘉. 供需视域下的农村社会养老服务优化路径探究 [J]. 农业科技管理，2023，5 (6)：145-147.
[165] 黑龙江省民政厅，黑龙江省财政厅. 关于做好提高城乡低保保障水平和特困人员救助供养标准有关工作的通知 [Z]. 2018.
[166] 张娜. 农村社会养老服务需求与发展路径研究 [D]. 南京：南京农业大学，2015.
[167] 祁峰，谭丽萍. 完善非营利组织参与居家养老服务的对策 [J]. 经济纵横，2015 (5)：89-92.
[168] 林闽钢. 社会资本视野下的非营利组织能力建设 [J]. 中国行政管理，2007 (1)：42-44.
[169] 王名. 非营利组织管理 [M]. 北京：人民出版社，2002.
[170] 唐咏，徐永德. 中国社会福利变迁下养老服务中非营利民间组织的发展 [J]. 深圳大学学报（人文社会科学版），2010，27 (1)：74-78.
[171] 张金荣，朱颖. 当前农村社会养老保险制度的衔接障碍及其破解 [J]. 社会科学家，2017 (6)：95-100.
[172] 潘宇舟，刘霓. 新型农村社会养老计划的建立：充足性与可持续性 [J]. 国外社会科学，2017 (2)：152-155.
[173] 刘妮娜. 欠发达地区农村互助型社会养老服务的发展 [J]. 人口与经济，2017 (1)：54-62.
[174] 刘妮娜. 互助与合作：中国农村互助型社会养老模式研究 [J]. 人口研究，2017，41 (4)：72-81.

附　　录

调 查 问 卷

您好，我们是经济管理学院《黑龙江省农村社会养老服务支付机制及影响因素研究》课题组成员，本调查问卷旨在了解黑龙江省农村社会养老服务支付意愿，包括个人及家庭基本情况、个人及家庭支付情况等多项因素。数据仅供学术研究使用，依据匿名性和保密性原则，本调查不会对被调查者产生不利影响，真诚地感谢您的合作。

黑龙江省______市（地区）______县（区市）______乡（镇）______村 调查员

（一）农村个人及家庭调研部分

1. 户主性别（　　）；年龄（　　）；文化程度：

　□小学及以下　□初中及中专　□高中及大专　□大学及以上

2. 您的年龄：□60～64周岁　□65～70周岁　□71～75周岁　□76周岁及以上

3. 您的性别：□男　□女

4. 子女数量：□1个　□2个　□3～4个　□5个及以上

5. 养老方式：□家庭养老　□机构养老

6. 您的健康状况：□非常健康　□健康　□一般　□不健康　□非常不健康

7. 是否能自理：□能自理　□不能自理

8. 有无配偶：□有配偶　□无配偶

9. 是否有留守儿童：□是　□否

10. 您认为将来收入来源主要以（　　）为主

　□个人劳动　□子女供养　□社会保障　□商业保险

　□其他（请注明）

11. 您的邻里关系

　□非常好　□较好　□一般　□不好　□非常不好

12. 您是否具有社会养老服务支付意愿

　□非常高　□较高　□一般　□较低　□非常低

（二）政府及财政机构调研部分

13. 中央财政投入（按中央财政直接投入及转移支付比例填写）

14. 地方财政投入（按地方财政直接投入及转移支付比例填写）

15. 养老产业税收政策优惠

　□有优惠　□无优惠

（三）社会组织调研部分

16. 非营利机构补贴（按实际数额折现与支付总额求比率）

17. 非营利服务供给情况（服务购买以货币折现的实际数额）

18. 非营利资本运作：

□收益为正　□收益为负

19. 公有制企业支付（公有制企业直接投入及转移支付货币规模）

20. 非公企业参与（非公企业直接投入及转移支付货币规模）

21. 养老产业规模

□注册资本1亿元及以上　□5000万～1亿元　□2000万～4999万元

□500万～1999万元　□500万元以下

22. 地产企业投入

□5000万元以上　□500万～1999万元

□100万～499万元　□100万元以下

（四）村集体调研部分

23. 村集体土地政策

□是　□否

24. 村集体转移支付（村集体转移支付比率）

25. 是否参与运营

□是　□否

（五）农户及家庭综合支付水平调研（2015—2017年消费合计）

26. 您是否有餐饮服务费用消费？

□是（具体金额）　□否

27. 您是否有日常看护费用消费？

□是（具体金额）　□否

28. 您是否有起居服务费用消费？

□是（具体金额）　□否

29. 您是否有娱乐服务费用消费？

□是（具体金额）　□否

30. 您是否有康复服务费用消费？

□是（具体金额）　□否

31. 您是否有保健服务费用消费？

□是（具体金额）　□否

32. 您是否有护理服务费用消费？

□是（具体金额）　□否

33. 您是否有检查服务费用消费？

□是（具体金额）　□否

34. 您是否有清洁服务费用消费？

□是（具体金额）　□否

35. 您是否有理发服务费用消费？

□是（具体金额）　□否

36. 您是否有接送服务费用消费？

□是（具体金额）　□否

37. 您是否有常规医疗费用消费？

□是（具体金额）　□否

38. 您是否有手术服务费用消费？

□是（具体金额）　□否

39. 您是否有护工服务费用消费？

□是（具体金额）　□否

40. 您是否有药物购买费用消费？

□是（具体金额）　□否

41. 您是否有住院费用消费？

□是（具体金额）　□否

42. 您是否有检查服务费用消费？

□是（具体金额）　□否

43. 您是否有急诊服务费用消费？

□是（具体金额）　□否

44. 您是否有急救服务费用消费？

□是（具体金额）　□否

45. 您是否有 ICU 服务费用消费？

□是（具体金额）　□否

46. 您是否有检查服务（急诊检查）费用消费？

□是（具体金额）　□否

（六）不定项问题

47. 您认为目前区域内社会养老服务设施建设状况如何？

□养老机构建设尚可，但数量不足　□专门养老机构缺失　□不知道

□养老机构服务混乱

48. 您认为目前目前在购买养老服务时最大障碍是什么？

□服务差　□价格高　□供求不匹配　□不知如何购买　□无

49. 您认为目前社会养老是否可以取代传统子女养老？

□可以适当取代　□可以在物质上取代　□能取代　□不知道

50. 您认为农村养老院发展的最大障碍是什么？

□缺乏资金　□缺乏消费者　□传统养老观念制约　□不习惯

51. 您认为政府是否应当扩大支出规模？

□应当扩大财政支出　□应当多种方法并行　□应当提高针对性

52. 您的子女对养老服务购买有何意见？

□支持并已购买　□具有意愿，观望　□持中　□抵触

53. 您更需要专业性服务还是综合性服务？

□专业性　□综合性　□不确定

54. 您认为物质基础和服务购买之间是否有关联？

□有很大关联　□有一定关联　□没有关联　□不知道

多谢您的支持，您的意见和建议对我们此后研究有重要意义，多谢合作！